소중한 사람들과 함께하는 윤은혜 *with*

do eat again

윤은혜 지음

서 사 원

Outliers
PAIN AU LEVAIN
HIGH VIBRATIONAL

PROLOGUE

학창 시절 낯가림이 심했던 저는 쉬는 시간마다 울 것만 같은 표정으로 책상에 조용히 앉아만 있었어요. 그러던 중 제게 용기 내어 먼저 다가오는 한두 명의 친구가 생겼고, 그 친구들에게 제가 가장 먼저 한 일은 집으로 초대해 밥을 만들어주는 거였어요. 옥탑방 작은 원룸이 부끄러운지도 모를 어린 나이에 겁 없이 압력밥솥에 밥을 하고 서툰 솜씨로 몇 가지 반찬을 만들어 친구들과 함께 먹었어요. 예쁜 도시락을 직접 싸서 친구들과 나눠 먹기도 했지요. 아마도 어린 저에게 요리는 친구들에게 마음을 표현하고 친해질 수 있었던 최고의 방법이었던 것 같아요.

"요리를 왜 좋아하세요?"라는 질문을 받은 적이 있는데요, '그러게… 나는 왜 요리할 때 즐겁지? 왜 행복하다고 느끼지?'라고 되려 저에게 질문을 던지게 되었어요. 그때는 몰랐지만, 16살이라는 어린 나이부터 평가받을 수밖에 없었던 삶 가운데 요리만큼은 평가받지 않아도 되었던 유일한 것이었어요. 언제부터인지는 모르겠지만, 누군가에게 음식을 만들어주는 일이 즐겁고 엄마가 부엌에서 요리하고 계시면 그 옆을 맴돌며 이것저것 거드는 순간들이 재밌었어요.

마음을 표현하는 게 서툴었던 저는 좋아하는 사람들에게 요리를 통해 제 마음을 전할 수 있는 게 좋았던 것 같아요. 너무 맛있다며 기쁘고 맛있게 먹어주는 사람들의 모습과 "다음에 또 만들어줘"라는 말은 아무 조건 없이 사랑받는 듯한 생각이 들게 했습니다. 그리고 사람들을 섬기는 기회가 주어질 때도 음식을 대접하는 일이 가장 먼저가 될 때가 많았는데, 이렇게 음식을 통해 누군가에게 위로를 전해줄 수 있어 감사했습니다.

제 삶 가운데 요리의 의미는 이런 게 전부라고 생각했는데… 제가 책을 출판한다니요. 사실 출판 관련 전화가 왔을 때 저는 할 수 없다고 생각했어요. 제가 요리책을 출간할 만한 실력도 아니고 전문적인 지식도 부족한데, 이런 제안을 주신 것만으로도 감사하다고 생각했죠. 그런데 제 주위 사람들이 너무 좋아해 주시는 거예요. "은혜는 요리를 뚝딱 쉽게 쉽게 하잖아. 그게 너무 좋아서 나도 배워보고 싶어!"라고요. 그래서 이렇게 용기 내어 보았습니다.

특별할 것 없지만 이 책을 보시는 많은 분이 요리하려고 책을 한 장 한 장 넘기실 때마다 마음 한구석이 설레고 행복하시길 바라는 마음이 넘칩니다. 제가 이 책을 준비하는 동안 그랬거든요~^^ 한 번쯤 시도해볼 만한 요리로 사랑하는 사람들을 위해, 때로는 나 자신을 위해 기쁨으로 만들어 보고 싶을 때 저의 레시피가 도움이 되었으면 좋겠습니다. 복잡하거나 어렵지 않고 쉽게 따라 하실 수 있는 요리, 한 가지 재료를 사용해 여러 가지 요리를 만들어 볼 수 있는 방법들이니까 꼭 한 번 따라 해보세요.

늘 제 음식을 맛있게 드시고 즐거워해 주시는 사랑하는 사람들, 유무선님, 집사람들, JARMY 식구들, 늘 응원해 주시는 팬분들, 가족들, 앞으로도 잘 부탁드립니다. 저에게 이런 기회를 주신 서사원 장선희 대표님과 모든 직원분, 스튜디오 페퍼의 홍서우 실장님, 이병주 실장님 및 전심으로 도와주신 스태프 여러분들에게 감사드립니다.

마지막으로 제게 '요리'라는 달란트를 허락해주신 주님께만 영광 올려드립니다.

CONTENTS

PROLOGUE 5

이 책에서 자주 사용한 기본 재료 14
이 책에서 사용한 요리의 풍미를 높이는 조미료 26
이 책에서 사용한 계량 기준과 자주 쓴 조리 도구 31

CHAPTER 1
Appetizer

부라타 치즈 샐러드 36
부추 모차렐라 카프레제 38
색색의 과일 샐러드 40
엔다이브 샐러드 42
시저 샐러드 44
어니언 수프 46
브로콜리 감자 수프 48
토마토 스튜 50

CHAPTER 2

Main Dish Ⅰ

알리오 에 올리오 56
버섯 베이컨 크림 파스타 58
채소 면 두부 파스타 60
주꾸미 오일 파스타 62
매콤 로제 파스타 64
명란 아보카도 파스타 66
가지 롤라티니 68
귀리 연어 리소토 70
율무 렌틸콩 리소토 72
먹물 관자 리소토 74
라자냐 76
감바스 알 아히요 78
리가토니 리코타 치즈 구이 80
홈메이드 시금치 라비올리 82
차돌박이 바질 페스토 숏 파스타 84
곶감 뇨키 86
가지 미트볼 치즈 구이 88
항정살 버섯 된장 파스타 90
얼큰 토마토 국물 파스타 92

CHAPTER 3
Main Dish Ⅱ

달고기 파피요트 98

연어 파피요트 100

소고기 스테이크 102

연어 스테이크 104

농어 스테이크 106

매시트포테이토를 곁들인 돈마호크 스테이크 108

영계 베이컨 통구이 110

소고기 바질 페스토&시금치 치즈 구이 114

통삼겹 구이 116

CHAPTER 4
Asia Cuisine

가츠동 122

명란 오차즈케 124

옛날 왕 돈가스 126

통모차가스 128

트러플 치킨가스 130

뿌팟퐁커리 132

모둠 튀김 136

CHAPTER 5
Side Dish

매시트포테이토 142

트러플 웨지 감자 144

닭가슴살 카옌 페퍼 구이 146

CHAPTER 6
Dessert

레몬 컵케이크 152

블루베리 머핀 156

애플 크럼블 160

리얼 쫀득 브라우니 162

조청 러스크 164

티라미수 166

CHAPTER 7
Home Cafe

그레이스 토스트 172

리코타 오픈 토스트 174

사과 브리 치즈 토스트 176

콰트로 치즈 토스트 178

브렉퍼스트 180

몬테 크리스토 182
닭가슴살 치아바타 버섯 샌드위치 184
매콤 새우 아보카도 오픈 샌드위치 186
소고기 버섯 치즈 미니 햄버거 188
잠봉 뵈르 190
고르곤졸라 토르티야 피자 192
에그 토르티야 타코 194
팬케이크 196
프렌치 토스트 198
호떡 크로플 & 초코 크로플 200
더치 베이비 202

CHAPTER 8

Drink

아포 슈페너 208
커피 말차 슈페너 210
청숭아 212
베리나나 214
케일바나나 216
과일 얼음 큐브 218
아사이볼 220
디톡스 주스 222
홈메이드 콤부차 224

CHAPTER 8

Sauce

다이어터를 위한 홈메이드 두부크림 치즈 230

홈메이드 리코타 치즈 232

만능 호두 구이 234

사우어 버터 236

라구 소스 238

버섯 퓌레 240

베샤멜 소스 242

유자폰즈 소스 244

INDEX 248

이 책에서 자주 사용한 기본 재료

이 책에서 자주 사용한 기본 재료를 소개합니다.
요리하기 전에 참고하시면 레시피 이해가 좀 더 쉬울 거예요.

소고기

선명한 붉은색의 살코기와 깨끗한 백색 지방이 잘 어우러진 좋은 고기를 사용하는 것만으로도 요리의 기본적인 맛이 보장됩니다.

엘본

T자 모양의 뼈를 중심으로 양쪽에 살코기가 붙어 있는 고기를 말해요. 스테이크로 요리했을 때 임팩트 있는 비주얼을 선보일 수 있어요.

채끝

소의 등 쪽 부위의 살코기로 소고기 본래의 맛을 느끼기 가장 좋은 부위입니다. 살코기와 지방이 적절히 잘 구성되어 있어 스테이크용으로 좋아요.

등심

소의 갈비뼈 바깥쪽에 붙은 살코기에요. 덩어리째 스테이크로 조리하기에도 좋고 얇게 썰어 불고기로 조리해도 맛있어요.

차돌박이

살코기 속에 단단한 지방이 콕콕 박혀 있는 부위라 조리했을 때 식감이 쫀득쫀득 꼬들꼬들해서 좋아요. 샤부샤부와 구이 모두 잘 어울립니다.

부챗살

지방이 적고 앞다리 쪽 살이라 힘줄이 있어 살코기의 식감이 탄탄한 부위에요. 씹을수록 특유의 감칠맛이 돋보이는 부위입니다.

립 아이

등심의 일종으로, 고기 중심 부위에 눈(eye)처럼 동그랗게 지방이 분포되어 있어 '립 아이'라고 불러요. 우리나라에서는 '꽃등심'이라는 이름으로도 불리는 부위입니다.

다짐육

요리에 따라 어떤 부위든 다짐육으로 사용할 수 있어요. 이 책의 레시피처럼 돼지고기 다짐육과 섞어 미트볼을 만들 수도 있고 파스타 소스, 라구 소스 등을 만들 때 사용해도 좋아요.

돼지고기

돼지고기 역시 살코기와 지방의 색이 선명한 것으로 골라주세요. 돼지고기를 조리할 때는 맛과 식감을 위해 요리 전에 지방을 적당히 잘라 정리해주시면 좋아요.

돈마호크

토마호크는 '전투용 도끼'라는 뜻으로 원래는 소고기로 만드는 '토마호크 스테이크'로 많이 불렸는데, 최근 들어 뼈가 붙어 있는 돼지고기 등심 살코기로 스테이크를 만들어 먹기도 해서 불리는 이름입니다.

등심

돈가스를 만들 때 가장 많이 사용하는 부위로 육질이 질기지 않아요. 지방을 제거하면 저지방 고단백 부위가 되므로 다이어트 식재료로도 많이 이용됩니다.

항정살

돼지 뒷덜미의 목살로 돼지 한 마리에서 소량만 얻을 수 있어 가격대가 높은 편입니다. 하지만 식감이 쫀득쫀득하고 탄력적이며 지방이 잘 어우러져 맛있는 부위에요.

삼겹살

한국인이 가장 많이 먹는 고기입니다. 돼지고기 부위 중 가장 고소해 여러 요리에서 다양하게 조리할 수 있지만, 지방이 많고 칼로리가 높아요.

안심

지방이 적고 거의 살코기로만 이루어져 칼로리가 낮고 철분이 풍부한 부위입니다. 돼지고기 중 가장 부드러운 식감을 가진 부위이니 두툼하게 썰어 요리하기 좋아요.

다짐육

소고기 다짐육과 섞어 사용해도 좋고 그 자체로 소스, 볶음밥, 미트볼이나 동그랑땡 등 다양한 요리에 쓰기 좋습니다.

닭

부담 없이 준비해서 푸짐하게 요리해 먹을 수 있는 좋은 요리 재료입니다. 지방이 적고 단백질이 많아 맛이 담백해요. 요리할 때 냉동육보다 냉장육을 사용하시면 더 좋아요.

닭 한 마리

오븐이나 에어프라이어에서 통으로 굽는 요리를 하기에 좋은 재료입니다.

닭가슴살

지방이 가장 적고 담백한 부위라 다이어트에 좋고, 요리할 때 칼로리 부담이 줄어들어요.

닭 다리 살

육질이 단단해서 씹는 식감이 좋아요. 뼈를 제거한 정육을 사용하면 요리가 좀 더 편합니다.

달걀

껍질이 거칠거칠하고 들었을 때 묵직한 느낌이 드는 것으로 골라 사용하고 꼭 냉장 보관해주세요.

육류 가공식품

영양 면을 보강하여 저장성을 높이거나 소화와 흡수 등을 좀 더 쉽게 하려고 특수 가공을 거친 고기 식품을 말하는데요. 다양한 방식으로 요리에 활용해 맛과 풍미를 더해줄 수 있어요.

베이컨

돼지의 옆구리살을 소금에 절여 훈연한 가공품이에요. 고소하고 짭짤한 맛이 좋아 바삭하게 튀기듯 구워 샐러드나 수프 등에 토핑하면 좋습니다.

햄

햄 역시 돼지고기를 소금에 절여 훈연한 가공식품으로, 방부성이 뛰어나 오래 보관할 수 있어요. 모양과 크기 등이 다양하니 요리에 따라 골라 쓰는 재미가 있습니다.

화이트 소시지

일반 소시지보다 고급스러운 소시지로, 발색제인 아질산나트륨을 넣지 않아 더 건강하게 먹을 수 있어요. 돼지고기와 채소 비율도 높아 요리의 메인 재료로 쓰기에도 충분합니다.

미트볼

소고기 다짐육 혹은 돼지고기 다짐육 또는 둘을 섞어 반죽해 공 모양으로 만든 음식이에요. 파스타, 샌드위치, 샐러드 등 다양한 요리에 사용할 수 있습니다.

잠봉

프랑스의 전통 햄으로 살짝 짠맛에 향신료가 더해진 점이 특징입니다. 따로 조리 없이 바로 먹을 수 있어 샌드위치 속 재료나 샐러드 토핑으로 많이 사용해요.

해산물

바다에서 나는 생선류, 조개류, 갑각류, 해조류 등의 바다 생물을 모두 포함한 식자재를 일컫는 말이에요. 다양한 요리의 메인 혹은 토핑이 될 수 있습니다.

연어

오메가3와 비타민E가 풍부한 고단백 저칼로리 생선이에요. 싱싱할수록 살이 단단하고 탄력이 있는데 횟감부터 구이, 찜까지 다양하게 요리할 수 있습니다.

농어

단백질 함량이 월등히 높아 보양식 대접을 받는 생선입니다. 크기가 클수록 맛이 좋고 횟감으로 많이 먹는데, 이 책의 레시피처럼 스테이크로 구워 즐겨도 맛있습니다.

달고기

담백한 맛이 좋은 바다 생선입니다.

소프트 쉘 크랩

블루 크랩이 허물을 벗어 껍데기가 아직 말랑할 때 잡아 냉동한 재료예요. 통째로 튀기면 껍질까지 바삭바삭하게 씹어 먹을 수 있는 별미가 됩니다.

문어

단백질과 타우린이 풍부해 피로 해소용 보양식으로 많이 먹는 해산물입니다. 회, 볶음, 찌개, 초밥, 훈제, 조림 등 다양한 조리법을 사용해 요리할 수 있어요.

주꾸미

봄을 대표하는 제철 해산물로 문어처럼 타우린이 풍부해 피로 해소에 좋습니다. 손질 후 살짝 데쳐 숙회로 먹거나 양념을 넣어 볶아 먹으면 맛있습니다.

오징어

타우린과 단백질 함량이 높고 회, 숙회, 구이, 무침, 탕 등 다양한 요리에 사용하는 대중적인 해산물이에요. 오징어뿐만 아니라 먹물도 블랙 푸드로 주목받는 식자재입니다.

새우

고단백 저지방이라 다이어트 식품으로 좋습니다. 튀김, 파스타 및 샐러드, 구이 등 다양하게 사용하실 수 있어요.

명란젓

명태의 알을 소금에 절여 젓갈로 담근 것으로 짭짤하면서도 감칠맛 나는 점이 특징이죠. 이 요리책에서는 구이 또는 파스타 등에 활용해 보았습니다.

조개관자

조갯살이 조개껍데기에 붙어 있을 수 있게 하는 단단한 근육 덩어리라 단백질이 풍부합니다. 구워서 드시면 쫄깃한 맛과 고소함이 더해진답니다.

홍합

좋은 단백질 공급원으로 요리 전에 꼭 해감합니다. 그 후 껍질을 깨끗이 문질러 씻은 다음 사용해주세요. 탕, 국, 찌개, 찜, 샐러드 등의 재료로 다양하게 쓸 수 있어요.

채소

깨끗이 씻어 샐러드, 샌드위치 등에 사용하거나 메인 요리에 가니쉬로 곁들여 먹습니다. 이 책에서는 다양한 채소를 사용한 여러 가지 레시피가 담겨 있으니 하나씩 만들어보며 본연의 맛을 음미해보세요.

베이비 채소
다양한 채소의 어린잎을 말해요. 요즘은 시중에서 다양한 종류의 베이비 채소를 쉽게 살 수 있습니다. 샐러드는 물론 샌드위치, 토스트, 메인 요리 토핑으로 듬뿍듬뿍 사용하기 좋아요.

아스파라거스
아삭한 식감이 특징입니다. 올리브오일이나 버터에 잘 구워 스테이크 등 메인 요리의 가니쉬로 사용하거나, 살짝 데쳐 샐러드 토핑으로도 사용할 수 있어요.

그린빈
껍질째 먹는 채소로 단백질뿐만 아니라 비타민과 섬유소도 풍부하고 아삭한 식감이 특징입니다. 이 책에서는 살짝 데치거나 볶아 메인 요리의 가니쉬로 다양하게 사용했습니다.

루꼴라
독특한 향으로 향신료에 가까운 채소입니다. 다양한 서양 요리에서 쓰이는데, 이 책에서는 샐러드와 샌드위치, 피자 등에 토핑으로 사용했어요.

시금치
비타민, 철분, 식이섬유 등 다양한 영양 성분이 풍부해 남녀노소 모두에게 좋은 채소예요. 이 책에서는 구이 요리에 부재료로 사용하거나 페스토로 만들어 활용했습니다.

마늘
올리브오일과 버터가 많이 들어가는 서양 요리를 한국인의 입맛에 맞도록 맞추는 채소입니다. 이 책에서 통마늘은 구워 메인 요리의 가니쉬로 사용했고, 다진 마늘과 마늘 가루는 소스에 섞어 느끼한 맛은 줄이고 개운한 맛을 올리는 데 사용했어요.

샬롯
양파와 비슷하게 생겼지만 크기는 양파의 1/4 정도로 더 작고 단맛은 훨씬 강한 채소예요. 양식에서는 통으로 구워 메인 요리의 가니쉬로 쓰거나 통으로 피클 등을 만들 때 사용합니다.

양파
한식은 물론 양식에서도 쓰이지 않는 곳을 찾는 게 더 어려울 만큼 많이 사용하는 채소입니다. 구이, 볶음, 찜, 수프, 스튜 등 열을 가하는 요리는 물론 생으로도 많이 먹어요.

브로콜리
암을 예방하는 슈퍼 푸드로 잘 알려진 채소입니다. 수프의 재료나 메인 요리의 가니쉬로 많이 사용해요.

엔다이브
서양식 꽃상추입니다. 식감이 좋아 샐러드 채소로 많이 사용되고 있어요. 흐르는 물에 살살 씻고 뿌리 부분을 자른 후 한 장 한 장 잎을 떼어 사용합니다.

래디시
새빨간 껍질에 동그랗고 작은 무처럼 생긴 채소입니다. 뿌리와 잎 모두 먹을 수 있고 단백질 함량이 높아 다이어트용 채소로 먹어도 좋습니다.

미니(방울) 양배추
일반 양배추와 다르게 통으로 사용하기 좋은 채소예요. 끓는 물에 가볍게 데친 후 샐러드에 곁들이거나 통으로 구워 육류 요리의 가니쉬로 사용하기 좋습니다.

감자
대표적인 구황 작물이자 전 세계적으로 기본 식량으로 취급되는 채소입니다. 서양 요리에서는 큼직하게 썰어 스튜에 넣거나 육류 요리의 가니쉬, 매시트포테이토로 많이 사용합니다.

당근

예쁜 주황빛 채소로 베타카로틴이 풍부해 항산화, 노화방지, 암 예방 등에 도움을 줍니다. 양식에서는 샐러드에 통으로 사용되거나 육류 요리에 가니쉬로 사용하기 좋은 미니 당근을 많이 사용합니다.

셀러리

특유의 맛과 향이 특징으로 생으로는 샐러드에 곁들여 먹고, 육류나 생선 요리를 할 때 함께 넣어 볶거나 구워 먹습니다.

파프리카

대표적인 컬러 푸드 채소입니다. 초록, 노랑, 주황, 빨강 등 색마다 영양과 효능이 다르다고 알려져 있어요. 샐러드에 생으로 곁들여 먹어도 좋고 구워 먹어도 맛있습니다.

아보카도

'숲속의 버터'라는 별칭이 있을 만큼 부드러운 식감을 자랑하는 채소입니다. 생으로 샐러드에 넣어 먹어도 좋고 샐러드, 파스타, 샌드위치, 튀김 등 다양한 방법으로 조리해 먹어도 맛있어요.

가지

특유의 질감과 맛을 지닌 채소입니다. 양식 요리에서는 토마토, 주키니, 마늘, 올리브오일과 잘 어울린다고 해요. 오븐 구이, 샌드위치나 파니니의 속 재료 및 가니쉬로 곁들여 먹어도 좋습니다.

만가닥버섯

식감이 연하고 담백한 맛의 버섯입니다. 항산화 성분이 많아 발암 억제 효과가 있는 버섯으로도 알려져 있어요. 파스타, 구이, 볶음, 튀김 등 다양하게 요리할 수 있습니다.

양송이버섯

버섯 중 단백질 함량이 가장 높아요. 양식에서는 볶음 요리와 소스 재료로 많이 사용해요.

표고버섯

특유의 향과 씹는 맛이 좋은 버섯입니다. 구이, 볶음, 부침, 튀김부터 찌개, 탕, 맛국물까지 다양하게 사용됩니다. 돼지고기랑 먹으면 더욱 몸에 좋다고 해요.

팽이버섯

마트에서 가장 쉽게 볼 수 있는 버섯으로 맛과 영양, 가격 면에서 모두 좋습니다.

느타리버섯

말랑말랑한 식감이 좋은 버섯입니다. 칼로리가 낮고 섬유소와 수분이 풍부해 다이어트할 때 먹으면 좋아요.

새송이버섯

송이버섯과 식감이 비슷하고 가격은 저렴해 다양한 요리에 많이 사용되는 버섯입니다. 통으로 구워 먹거나 샐러드, 파스타 등에 이용해보세요.

치즈

양식 요리를 좋아하거나 즐겨 만든다면 치즈와 버터는 냉장(냉동)고에 다양하게 갖추어 두는 편이 좋습니다. 요리에 치즈 하나만 더해도 맛이 더욱더 풍부해지거든요. 그리고 치즈는 카나페 등의 간단한 핑거 푸드로 만들어 와인 안주로도 훌륭하게 사용할 수 있어요.

모차렐라 치즈
우리나라에서 샐러드에 가장 많이 사용되는 치즈가 아닐까 합니다. 숙성하지 않아 치즈 냄새가 약하고 쉽게 상해요. 샐러드에 넣어 발사믹 식초를 드레싱해 먹으면 정말 맛있습니다.

파르미지아노 레지아노 치즈
이탈리아를 대표하는 치즈로 소젖으로 만듭니다. 그레이터로 곱게 갈아 샐러드나 파스타, 피자 위에 얹어 먹어도 좋고 리소토나 수프를 만들 때 넣어 녹여 먹으면 맛있어요.

부라타 치즈
소젖 혹은 물소젖으로 만든 프레시 치즈입니다. 원산지는 이탈리아로 공 모양이 특징입니다. 토마토와 올리브오일을 곁들여 샐러드로 만들어 먹으면 맛있습니다.

블루 치즈
치즈 곳곳에 푸른곰팡이가 피어 있는 대표적인 발효 치즈입니다. 스테이크 소스나 샐러드드레싱으로 많이 사용하며 빵, 크래커, 사과, 호두, 땅콩 등과도 잘 어울립니다. 이 책에서는 블루 치즈의 종류 중 하나인 고르곤졸라 치즈를 이용해 토르티야 피자를 만들어 봤어요.

그라나 파다노 치즈
이탈리아 치즈로 소젖으로 만들어요. 단단한 치즈라 그레이터로 갈아 파스타, 피자, 그라탱 위에 듬뿍 올리기도 하고 와인에 곁들이는 스낵 치즈로도 많이 먹습니다.

그뤼에르 치즈
만화에서나 볼 법한 커다란 크기가 특징입니다. 스위스가 원산지로 소젖으로 만들며 양식 요리에 많이 쓰여요. 치즈 퐁듀를 만들 때 꼭 들어가는 치즈이기도 합니다.

카망베르 치즈
겉은 흰곰팡이로 덮여 있고 속은 크림 상태라 특유의 자극적인 냄새가 나는 치즈입니다. 프랑스가 원산지로 수플레, 크로켓 등 애피타이저나 디저트용으로 많이 먹습니다.

리코타 치즈
소젖 혹은 양젖으로 치즈를 만들고 남은 유청으로 만들므로 유제품으로 분류되기도 하는 치즈입니다. 지방 함량이 낮아 담백하게 먹을 수 있어 샐러드에 곁들이기 좋습니다.

마스카르포네 치즈
이탈리아의 크림 치즈로 지방 함량이 높아 밀도 있는 질감이 특징입니다. 꿀, 초콜릿, 비스킷과 잘 어울리고 특히 디저트로 유명한 티라미수를 만들 때 반드시 들어가야 하는 재료예요.

브리 치즈
프랑스를 대표하는 소프트 치즈로 흰곰팡이가 표면을 덮고 있는 모양새가 특징입니다. 매우 부드러운 맛과 감촉의 치즈라 와인과 잘 어울리고 튀김 요리에 사용해도 맛있어요.

에멘탈 치즈
스위스를 대표하는 치즈로 와인과 곁들여 먹으면 그 맛과 풍미를 더욱 잘 느낄 수 있습니다. 쉽게 상하는 치즈이니 조금씩 구매하고 오래 두고 싶다면 냉동고에 보관해주세요.

체더 치즈
영국이 원산지인 치즈로 살균한 우유로 만들어요. 수분 함량이 낮아 딱딱한 편이라 스낵이나 와인 안주로 먹기 좋습니다.

크림 치즈
우유와 크림을 섞어 만든 치즈로 숙성하지 않아 맛이 부드럽고 약간 신맛이 나는 점이 특징입니다. 샌드위치나 카나페를 만들어 먹거나 디저트용 베이킹 재료로 많이 사용합니다.

페타 치즈
그리스의 대표적인 치즈로 양젖 혹은 염소젖으로 만들어 소금물에 넣어 숙성합니다. 잘 부서져서 샐러드에 토핑해 먹기 좋고 열에도 잘 녹지 않아 튀김 요리에도 사용하기 좋아요.

BELGIOIOSO
BURRATA
Paysan Breton
Le Fromage Fouetté · De Opgeklopte Kaas
Madame Loïk
Nature - Natuur
au Sel de Guérande
met zeezout
150g
Belletoile
Garlic & Herbs
Cheese Spread
PROVOLONE
DOLCE ITALIANO
AGRIFORM

버터

양식 요리를 좋아한다면 냉장고에 버터는 꼭 넣어두세요. 파스타나 리소토 등을 만들 때 사용하면 요리의 풍미 자체를 올릴 수 있거든요. 이 책에서는 주로 무염 버터를 사용했는데, 취향과 입맛에 따라 가염 버터를 사용해도 좋아요. 여기서는 윤은혜의 추천 버터를 소개합니다.

페이장 브레통(무염/가염/게랑드)

소포장한 포켓 버터로 잘 알려진 프랑스산 버터입니다. 한 조각에 10g이라 요리할 때마다 하나씩 꺼내 쓰기 좋습니다. 요리에 버터를 자주 사용하는 사람에게는 최고의 제품이에요.

에쉬레 버터(무염/가염)

'버터계의 에르메스'라는 명성에 걸맞게 미슐랭 스타 셰프들이 가장 선호하는 버터입니다. 맛과 질감 모두 뛰어나 빵에 발라 먹으면 진한 버터 맛이 입안에 진하게 남는다고 해요.

이즈니 버터(무염/가염)

프랑스에서 AOP(원산지 명칭 보호) 인증을 받은 고급 버터입니다. 유명 제과점에서 즐겨 사용하는 버터로 요리에 사용하면 풍미 자체를 한 단계 올릴 수 있어요.

앵커(무염)

뉴질랜드에서 생산되는 버터입니다. 괜찮은 가격에 더 괜찮은 품질을 갖추고 있어 평소 베이킹이나 양식 요리를 자주 하는 사람에게 추천하는 버터예요.

La Pasta di Aldo
Tagliatelle Amalfitane
TRAGHETTI
7-9 MIN.
PRIMOGRANO
PASTA DI SEMOLA DI GRANO DURO
100% ABRUZZESE
rustichella d'abruzzo
500 g e (1,1 Lb)
ITALIAN MACARONI PRODUCT

파스타 면

파스타는 역사가 오래된 만큼 면의 종류도 매우 다양합니다. 이 책에서는 대중적으로 많이 먹는 파스타 면 몇 종류를 골라 소개했어요. 파스타 면 1인분을 가장 맛있게 삶으려면, 커다란 냄비에 물 5컵(1L)을 붓고 끓인 후 소금 1TS(15g)과 올리브오일 2TS(30mL)을 넣고 파스타 면 100g을 넣어주세요. 이 책에서는 파스타 면을 '알 덴테(al dente, 파스타 면을 삶아 씹었을 때 살짝 단단한 식감이 느껴지는)' 상태로 삶는 것을 가장 추천하는데요. 면의 굵기나 생김새에 따라 삶는 시간이 달라지니 꼭 파스타 면 포장지에 적힌 삶는 시간을 참조해주세요. 칼로리를 조금 더 줄이거나 다이어트 음식으로 먹고 싶다면 통밀로 만든 파스타 면을 사용하거나 주키니(애호박), 당근을 로지 스파이럴라이저를 사용해 면처럼 만들어 사용하거나 두부 면을 사용해보세요.

마팔디네

양쪽 가장자리가 주름 잡힌 리본 모양인 평평하고 납작한 파스타 면입니다. 어떤 파스타 소스와도 잘 어울리고 삶은 후에도 잘 퍼지지 않아 식어도 맛있게 먹을 수 있어요.

스파게티

대부분 사람이 파스타 요리를 떠올렸을 때 가장 먼저 생각나는, 가느다란 원통형 모양의 롱 파스타 면입니다. 대부분 파스타 소스와 잘 어울립니다.

링귀네

스파게티 면을 납작하게 눌러 돌돌 말아놓은 듯한 모양이 특징인 파스타 면입니다. 올리브오일 혹은 버터만 넣어 만드는 심플한 파스타 요리에 잘 어울려요.

카펠리니

아주 얇은 모양의 롱 파스타 면입니다. 끓는 물에 2~4분 정도 삶으면 알 덴테 상태가 되니 이 파스타 면을 사용한다면 삶을 동안 자리를 비우지 말아 주세요.

페투치네

평평하고 살짝 두꺼운 모양이 특징인 파스타 면입니다. 크림 파스타에 잘 어울려요.

리가토니

가운데 속이 비어 있는 튜브형 모양의 숏 파스타 면입니다. 표면에 밭이랑과 같은 굴곡이 있어 면에 소스가 잘 배어듭니다. 대부분 파스타 소스와 잘 어울려요.

탈리아텔레

반죽에 달걀을 넣어 만든 이탈리아의 파스타 면 중 하나로, 길고 얇은 칼국수 같은 모양의 리본 파스타 면입니다. 라구 소스와 잘 어울려요.

파파르델레

도르륵 말린 넓고 납작한 면에 주름이 들어가 있는 리본 모양의 파스타 면입니다. 가장자리가 곧은 모양 혹은 주름진 모양이에요. 토마토 혹은 크림 계열의 소스와 잘 어울립니다.

라자냐

넓고 납작한 모양이 특징인 롱 파스타 면입니다. 다양한 재료와 라자니아 면을 층층이 쌓아 오븐에 굽는 라자냐 요리를 만들 때 사용해요.

푸실리

꼬불꼬불하게 말린 나사 모양이 특징인 숏 파스타 면입니다. 샐러드나 차가운 파스타를 만들 때 쓰면 좋아요.

펜네

길이가 짧고 면의 중간이 비어 있으며 울퉁불퉁한 모양이 특징인 숏 파스타 면입니다. 그라탱이나 파스타 샐러드를 만들 때 많이 사용합니다.

이 책에서 사용한 요리의 풍미를 높이는 조미료

이 책에서 자주 사용한 '기본 조미료'와 '향신료'를 소개합니다. 양식을 즐겨 드시거나 양식 요리를 잘 하지 않는 분이라면 낯선 재료가 제법 있으실 듯해요. 요리하기 전에 찬찬히 읽어보시면 레시피 이해와 더불어 자신의 입맛에 맞춘 양식 요리 만드는 재미를 느낄 수 있으실 거예요.

기본 조미료

서양 요리에도 한식처럼 기본적으로 소금과 후추, 간장, 식초 등을 사용하지만, 한식보다 사용하는 양은 적습니다. 대신 올리브오일을 많이 사용해요. 그러니 다른 재료보다 올리브오일은 좀 더 좋은 것으로 준비해주세요.

올리브오일

올리브 열매의 기름을 추출해 만든 식물성 기름으로 양식 요리에서 꼭 필수로 사용하는 재료예요. 보통 3등급으로 분류되는데, 가장 품질이 좋은 등급이 엑스트라 버진(Extra Virgin)입니다.

소금

요리의 간을 맞추는 가장 기본적인 조미료예요. 이 책에서는 기본적으로 '히말라야 핑크소금'과 '토판염'을 사용하였고 그 외에 천일염을 한 번 더 정제한 '꽃소금'과 가공된 허브를 섞어 요리에 향을 더하는 '허브 솔트'를 사용하였습니다.

후추

매운맛의 조미료로 서양 요리에서 필수로 사용하는 향신료입니다. 소금과 함께 육류 요리의 밑간을 담당하고 있어요. 요리에 풍부한 향을 더하고 싶다면 요리할 때마다 통후추를 그레이터로 갈아 사용하면 더 좋습니다.

비정제 사탕수수 원당

사탕수수의 당을 정제하지 않고 최소한의 공정으로 생산해 여러 가지 영양소와 비타민, 미네랄이 함유되어 있어요. 다만 알갱이가 커서 베이킹 등에 사용할 때는 반죽 안에서 미쳐 다 녹지 못해 완성 후에도 설탕 알갱이가 씹힐 수 있으니 베이킹에서는 주의해서 사용해주세요.

현미오일

현미를 도정했을 때 나오는 쌀겨를 활용해 만든 기름입니다. 발화점이 높아 잘 타지 않기에 튀김 등의 고온 요리에 적합해요.

간장

음식의 간을 맞추는 기본 조미료로 콩을 발효해 만들어요. 이 책에서는 '조미간장'과 일본식 간장인 '양조간장'을 사용했습니다.

식초

신맛을 대표하는 조미료로 요리에 상큼함을 더하는 역할을 합니다. 육류, 해산물, 채소 등 다양한 요리에 사용할 수 있어요.

향신료

향신료는 요리할 때 맛과 향, 즉 음식에 풍미를 더해 식욕을 돋워주는 조미료를 말하는데요. 이 책에서는 다양한 장르의 요리에도 어울리지만, 양식에 주로 사용하는 향신료 위주로 소개했습니다.

페페론치노

이탈리아 요리에서 매운맛을 낼 때 빠지지 않고 사용하는 재료입니다. 보통 페페론치노로 매운맛을 조절하니 한 번에 많이 넣지 않도록 주의해주세요.

크러쉬드 레드 페퍼

고추를 말려 씨까지 거칠게 빻아 만든 향신료입니다. 고기나 면 요리, 샐러드 등 다양한 곳에 사용할 수 있어요. 자칫 심심할 수 있는 요리에 알싸하고 매콤한 맛을 더해준답니다.

카옌 페퍼

생 칠리를 말려 가루로 낸 향신료로 요리에서 매운맛만 더하고 싶을 때 사용하기 좋습니다. 치즈 소스나 마요네즈 등에 조금 섞어 색을 내거나 매콤한 맛을 추가할 때 쓰기도 합니다.

할라페뇨

멕시코 고추로 피클처럼 만들어 서양 요리에 많이 곁들여 먹는데요. 느끼한 요리를 먹은 후 입가심으로 먹으면 입맛을 개운하게 해 줍니다.

치킨스톡

치킨스톡은 서양 요리의 맛국물 역할을 하는 조미료입니다. 수프나 소스 등을 만들기 위해 꼭 넣는 재료인데요. 요즘은 고체, 액체, 파우더(가루) 등 다양한 형태로 판매하고 있어요. 이 책에서는 주로 파우더 형태의 치킨스톡을 사용했습니다.

페스토

열을 가하지 않고 만들 수 있어 삶은 파스타 면에 넣거나 각종 요리 마지막에 넣어 풍미를 더해 줍니다. 주로 바질로 만들지만, 시금치로 만들어도 맛있어요.

트러플(송로버섯)

세계 3대 식자재를 말할 때 빠지지 않고 언급되는 재료로 특유의 맛과 향이 있어 조금만 사용해도 요리 전체의 풍미가 바뀌는 경험을 할 수 있습니다. 이 책에서는 제스트로 요리에 사용했어요.

화이트 와인, 레드 와인

육류 요리에는 레드 와인, 생선 요리에는 화이트 와인이 어울린다는 건 많은 분이 알고 계시죠? 요리와 곁들여 마시는 것 외에도 재료의 마리네이드나 소스의 베이스로도 활용도가 매우 높답니다.

(쌀)조청

조청은 물엿이나 올리고당, 꿀 대신 사용할 수 있는 곡물 조미료입니다. 이 책은 조청으로 맛있는 러스크를 만들었답니다.

닭표 스리라차

매콤한 맛에 칼로리는 0으로 다이어터도 부담 없이 즐기기에 좋은 소스예요. 이 책에서는 마요네즈와 섞어 느끼함은 덜고 매콤함은 더한 소스를 만들었습니다.

허브

서양 요리에서 허브는 향을 입히는 역할을 합니다. 스테이크 등 구이 요리를 할 때 달군 팬에 허브와 버터를 넣고 버터가 녹으면 고기에 버터 샤워를 해주는데, 고기에 허브 향이 더해지면서 남아 있는 잡내가 사라져 더욱더 맛있는 고기 요리를 먹을 수 있답니다.

로즈메리

육류 요리에 향을 입히는 데 쓰이는 대표적인 허브입니다. 이때 주로 잎과 잔가지를 사용하는데요. 그 외에도 꽃은 과자, 잎은 차, 기름은 화장품이나 비누를 만드는 데 쓰이는 등 버릴 게 하나도 없는 허브입니다.

타임

고기, 생선, 소스, 국물 요리 등 다양한 양식 요리에 사용되는 허브입니다. 조리 후에도 향이 강하게 남아 있어 식욕을 돋우는 역할을 합니다.

애플민트

요리에 청량한 향을 더하는 허브로 특유의 냄새가 나는 양고기에 사용하면 좋습니다. 향의 주요 성분인 멘톨이 소화 기능을 돕고 신경 안정에도 좋아 차로 만들어 마시거나 음료의 장식으로 사용해도 좋아요.

펜넬

생선 요리에 자주 쓰는 허브입니다. 강한 향이 이국적인 맛을 내는 데 좋아요. 뿌리부터 줄기, 잎, 꽃, 씨까지 모든 부분을 먹을 수 있는 허브입니다.

월계수

가장 많이 쓰는 허브 중 하나로 고기 요리와 잘 어울립니다. 알싸하고 향긋한 향이 잡내를 잡아주어 더욱 입맛을 돋우는 풍미의 요리를 만들 수 있어요.

바질

모든 요리와 잘 어울리는 향신료입니다. 특히 토마토와 잘 어울려 이탈리아 요리에서 파스타와 피자 등에 다양하게 사용됩니다.

오레가노

바질과 마찬가지로 이탈리아 요리 중 피자 재료로 빠지지 않는 허브입니다. 특히 강한 맛을 내는 재료와 함께 사용하면 좋은데요. 맵고 쌉쌀한 맛을 내는 허브로 마늘과 고추와도 잘 어울립니다.

딜

연어 등 생선 요리와 조개 요리에 잘 어울리는 허브입니다. 특히 식탁에 음식을 내기 전에 넣으면 먹는 내내 상쾌한 향을 즐길 수 있어요.

고수

중식 및 아시아에서 많이 사용하며 유럽에서도 소스 등을 만드는 데 종종 사용되는 허브입니다.

파슬리

서양 요리에 많이 쓰이는 대표적인 허브입니다. 이 책에서는 곱게 다지거나 가루를 튀김가루에 섞어 사용했어요. 잎이 넓은 이탈리안 파슬리와 잎끝이 꼬불꼬불 뭉쳐진 컬리 파슬리가 가장 많이 사용됩니다.

맛국물

한식에서 '맛국물'은 요리에서 깊은 맛을 내기 위해 꼭 필요한 재료 중 하나인데요. 양식에서도 '맛국물'이 자주 쓰인답니다. 파스타 면을 삶을 때, 국물이 자작한 파스타나 스튜 등을 만들 때 함께 넣으면 양식 요리도 깊은 맛이 느껴지게 할 수 있어요.

채수

다양한 채소로 우린 맛국물입니다. 리소토나 통구이 등을 할 때 사용하면 어울려요.

육수

고기를 삶아 우린 맛국물입니다. 이 책에서는 물에 치킨스톡(파우더)을 풀어 간편하게 만들었어요.

멸치다시마 육수

멸치, 다시마, 건새우 등을 삶아 우린 맛국물입니다. 파스타 면을 삶을 때 끓는 물에 면과 함께 넣어 끓이면 면에 간이 배여 파스타가 더 맛있어져요.

이 책에서 사용한 계량 기준과 자주 쓴 조리 도구

요리하는 게 익숙하지 않다면 우선 책에 표시된 계량에 따라 요리해 보는 것을 추천해요. 마지막에 간을 보고 취향에 따라 조미료와 양념 등을 추가하거나, 다음번 요리할 때는 계량 기준에서 조금 덜어내거나 하다 보면 어느새 요리하는 게 익숙해진 자신을 발견할 거예요.

이 책에서는 '계량컵'과 '계량스푼'을 기준으로 필요한 재료의 양을 표시했습니다. 더불어 소금, 후추, 올리브오일은 Ingredient(재료 소개) 부분에 계량량 표시를 하지 않고 레시피 내에 계량량을 표시하거나, 혹은 그 외 몇몇 재료와 조미료 역시 계량량 표시를 하지 않았는데요. 개량량이 표시되지 않은 재료와 조미료는 요리하면서 개인의 입맛과 취향에 따라 사용할 양을 가감하며 사용해주세요.

계량 기준

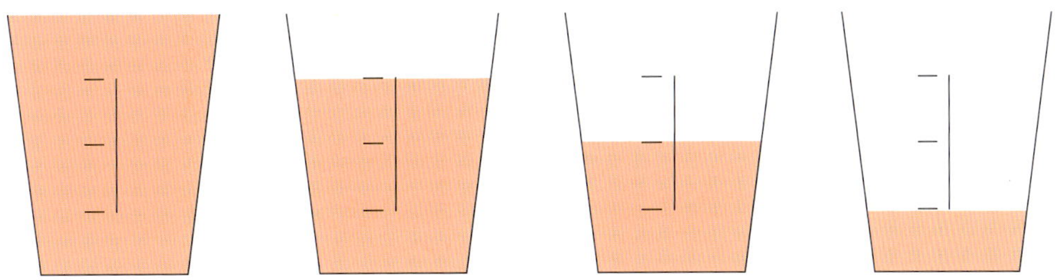

1컵 = 200mL = 200g

3/4컵 = 150mL = 150g

1/2컵 = 100mL = 100g

1/4컵 = 50mL = 50g

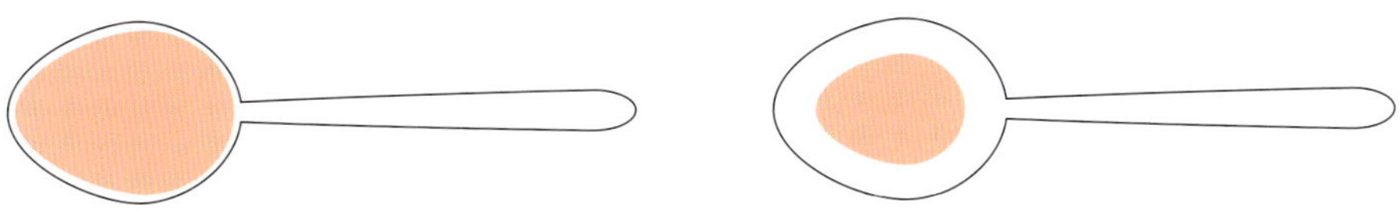

1TS(테이블스푼) = 15mL = 15g

1/2TS = 7.5mL = 7.5g

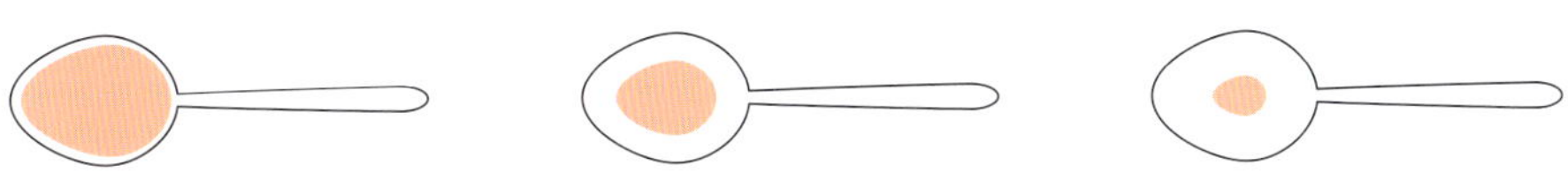

1ts(티스푼) = 5mL = 5g

1/2ts = 2.5mL = 2.5g

1/4ts = 1mL = 1g

조리 도구

좀 더 쉽게 요리하고 더욱더 예쁘게 음식을 완성할 수 있게 도와주는 조리 도구를 소개합니다.

계량컵, 계량스푼

'계량컵'은 플라스틱, 강화유리, 도자기, 스테인리스 등 다양한 재질에 여러 가지 용량으로 나와 있어요. 그중 선호하는 재질에 사용하기 편한 용량(크기)을 고르면 됩니다. 계량컵에 바로 양념을 계량해 넣고 섞어 사용하면 요리가 좀 더 편해요. '계량스푼' 역시 다양한 재질이 있는데, 가성비 좋은 제품부터 디자인도 예쁜 계량스푼이 많으니 취향대로 마련해보세요.

조리용 숟가락&젓가락 등 주방 도구

나무, 스테인리스 등 다양한 소재가 있지만, 세척에 민감하시다면 요리할 때 저온에서 고온까지 사용할 수 있는 안전하고 편리한 친환경 소재인 실리콘으로 만든 주방 도구를 추천합니다. 볶는 요리나 튀기는 요리 등을 많이 한다면 손잡이 길이가 긴 주방 도구를 갖추고 있으면 좋아요.

오븐, 에어프라이어

구분하자면 '오븐'은 촉촉한 식감을 살려야 하는 요리에 좋고, '에어프라이어'는 '바삭한 식감'을 살려야 하는 요리에 사용하면 좋아요. 하지만 요리 결과가 크게 차이 나는 편은 아니니 개인이 좀 더 선호하는 걸 쓰시면 좋습니다.

프라이팬, 냄비

'프라이팬'과 '냄비'는 종류도, 크기도 정말 다양한데요. 이 책에서는 열 전도성과 지속성과 균일성이 높은 스테인리스 재질이나 동재질, 열전도율이 높고 바닥에 고른 열 분배로 스테이크 등 구이 요리를 할 때 사용하기 좋은 무쇠(주물) 재질 등의 프라이팬과 냄비를 주로 사용했어요. 그 외에 법랑 재질의 소스(밀크)팬과 파스타용 냄비, 튀김 냄비 등을 사용했어요. 파스타, 라자냐 등의 양식 요리나 튀김을 많이 한다면 갖추면 좋은 아이템이에요.

체, 채반, 채소탈수기

'체'와 '채반'은 조리된 음식의 물기 혹은 기름기를 빼거나 한 김 식혀야 할 때, 가루(파우더) 재료를 좀 더 곱게 풀어 섞을 때 사용하면 좋아요. 특히 '채소탈수기'는 물기 없는 보송보송 싱싱한 채소로 샐러드를 만들거나 샌드위치 등을 만들어 먹기 좋아하는 사람이라면 꼭 사용해보세요.

그레이터

이 책의 요리 대부분에 치즈가 정말 많이 사용되었는데요. 요리 마지막에 그레이터로 치즈를 갈아 풍성하게 올리면 음식의 향과 맛의 풍미가 확 좋아진답니다. 그레이터의 모양이나 크기에 따라 치즈의 굵기가 달라지므로 요리나 취향에 맞춰 사용해주세요.

제면기, 로지 스파이럴라이저

'제면기'는 생면 파스타를 만들 때, '로지 스파이럴라이저'는 채소면을 만들 때 필요한 도구예요. 아직 대중적이지는 않지만 요리 능력을 한 차원 더 올리고 싶다면 사용해보세요.

슬라이서(채칼)

요리를 좀 더 쉽고 간편하면서 예쁘게 완성할 수 있게 돕는 도구입니다. 요즘은 모양별, 두께별로 다양하게 나오고 한식부터 양식, 중식 등 대부분 요리에 사용하는 만능 아이템입니다.

고기 망치

고기를 두드려 부드럽게 만들거나 얇게 펴기 위한 작업에 사용합니다. 고기 요리를 많이 한다면 하나쯤 갖고 있어도 좋습니다.

매셔

감자나 고구마 등을 곱게 부수어 '매시트포테이토'를 만들 때 사용하는 도구입니다.

실리콘 얼음틀

'과일 얼음 큐브'를 만들거나 다진 마늘, 다진 양파, 소스, 버터 등을 소분하여 냉동 보관할 때 유용하게 사용할 수 있습니다.

휘핑기, 전동 휘핑기

양식 요리와 베이킹에서 재료를 휘핑하거나 섞을 때 힘을 덜 들이게 하는 고마운 도구입니다.

SPRAYLEGGERO
MANTOVA
Olio
Spray
Extra
Vergine
Oliva

Appetizer

CHAPTER 1

부라타 치즈 샐러드

Burrata Cheese Salad

모차렐라 치즈의 쫀득함과 크림 치즈의 부드러움이 입안에서 한가득 터지는 부라타 치즈를 아시나요? 화려한 재료가 아니어도 기본 채소와 과일에 부라타 치즈만 있으면 충분히 고급스러운 샐러드를 만들 수 있어요. 환상적인 부라타 치즈의 매력에 빠질 준비, 됐나요?

INGREDIENT__2인분

부라타 치즈	2개
방울토마토	15개
베이비 루꼴라	50g
구운 호두	20g
자른 바게트(혹은 사워 도우)	2조각
마늘	1쪽
올리브오일	4TS
발사믹 소스	2TS
유자청	1TS

RECIPE

1. 베이비 루꼴라와 1/4 크기로 자른 방울토마토를 접시에 보기 좋게 담는다.
   ↳ 방울토마토 마리네이드가 있다면 대신 사용해도 좋다.
2. 접시 한가운데에 부라타 치즈를 통째로 올리고 구운 호두(p.235 참조)를 토핑한다.
3. 올리브오일, 발사믹 소스, 유자청을 섞어 만든 드레싱을 적당량 뿌린다.
   ↳ 기호에 따라 바질오일 혹은 허브오일을 뿌려도 좋다.
4. 바게트는 따뜻하게 굽는다. 마늘을 반으로 잘라 구운 바게트에 문질러 마늘 향이 배게 한 후 곁들인다.
5. 4의 바게트에 베이비 루꼴라, 방울토마토, 부라타 치즈를 올려 함께 먹는다.

부추 모차렐라 카프레제

Garlic Chives Mozzarella Caprese

이탈리안 레스토랑 '페어링룸'에서 먹어보고 한 번에 반해버린 퓨전 카프레제예요. 집에서 맛을 상상하며 몇 번이나 따라 해 본 요리입니다. 쌉싸름한 부추와 상큼한 적양파를 얇게 슬라이스한 모차렐라에 얹어 드셔보신다면 저처럼 홀딱 반하실 거예요.

INGREDIENT __2인분

생모차렐라 치즈	100g
적양파	1/2개
부추	30g
유자폰즈 소스(혹은 화이트 발사믹 식초 or 사과 식초)	2TS
깨	1TS
꿀(혹은 유기농 설탕)	1.5TS
레몬즙	2TS
올리브오일	

RECIPE

1. 볼에 유자폰즈 소스, 꿀, 레몬즙, 깨를 넣고 잘 섞어 소스를 만든다.
   ↳ 유자폰즈 소스가 없다면 화이트 발사믹 식초 혹은 사과 식초를 대신 넣어도 좋다.
2. 적양파는 얇게 채 썰고 차가운 물에 담가 매운맛을 뺀 후 키친타월로 물기를 꼼꼼하게 제거한다.
3. 1의 소스를 2의 적양파에 버무려 맛이 스며들도록 30분~1시간 이상 재운다.
4. 생모차렐라 치즈는 5mm 이하 두께로 얇게 슬라이스한다.
5. 부추는 다듬고 깨끗이 씻어 키친타월로 물기를 제거한 후 먹기 좋게 5cm 길이로 자른다.
6. 3을 그릇에 길게 깔고 5의 부추→4의 모차렐라 치즈 순서로 올린다. 먹기 전에 올리브오일을 적당량 뿌린다.
7. 얇게 슬라이스한 생모차렐라 치즈에 적양파와 부추를 함께 곁들여 먹는다.

색색의 과일 샐러드

Colorful Fruit Salad

채소가 아니라 과일이 메인인 샐러드예요. 달콤한 향기와 아삭한 식감이 매력적이죠. 얇게 슬라이스한 과일들이 층층이 쌓여 있는 걸 보기만 해도 기분 좋아질 거예요.

INGREDIENT__2인분

종류 다른 사과	각각 1개씩
레몬	2개
오렌지(혹은 자몽)	1개
베이비 채소	30g
구운 호두	20g
올리브오일	2TS
발사믹 소스	1TS
디종 머스터드 소스	1ts
소금	
후추	

껍질이 두꺼운 과일 씻는 방법

레몬, 오렌지, 자몽, 라임 등은 양식에서 껍질째 사용하거나 제스트, 즙 등을 만들어 사용할 때가 많아 더 꼼꼼한 세척이 필요하니 아래 순서대로 씻는다. 껍질이 얇거나 무르기 쉬운 과일은 베이킹소다를 푼 물에 잠깐 담갔다가 흐르는 물에 씻어 물기를 닦아 사용한다.

1. 껍질에 베이킹소다를 전체적으로 가볍게 문질러 닦는다.
2. 껍질에 굵은 소금을 뿌려 빡빡 문질러 닦는다.
3. 뜨거운 물에서 10~15초 정도 담근다.
4. 베이킹소다(혹은 식초) 푼 물에 5분 정도 담가둔다.
5. 흐르는 물에 세척 후 물기를 닦아 사용한다.

RECIPE

1. 준비한 모든 과일을 깨끗하게 씻는다.
   ↳ 과일 세척 방법은 하단을 참조한다.
2. 사과는 각각 껍질째 1~2mm 두께로 슬라이스한다. 반으로 갈라 씨를 제거한 레몬과 오렌지는 2/3 정도 껍질째 얇게 슬라이스한다.
3. 볼에 슬라이스하고 남은 각각의 레몬과 오렌지를 스퀴즈한 즙을 담는다. 올리브오일, 발사믹 소스, 디종 머스터드 소스를 섞어 드레싱을 만든다.
   ↳ 기호에 따라 소금, 후추로 간을 더해도 좋다.
4. 접시에 2의 과일들을 골고루 예쁘게 담은 후 베이비 채소를 토핑한다.
5. 구운 호두(p.235 참조)와 3의 드레싱을 뿌려준다.

엔다이브 샐러드

Endive Salad

조금은 색다른 샐러드를 원하신다면 엔다이브를 이용해보세요. 원하는 재료들을 엔다이브에 담아내기만 하면 완성! 엔다이브 샐러드와 메인 디쉬 하나를 더해 사랑하는 사람들을 초대해보세요. 이 샐러드만 있다면 홈 파티의 시작은 문제없어요.

INGREDIENT__2인분

엔다이브	2개
방울토마토	4~5개
썬 드라이드 토마토	1TS
와일드 루꼴라	20g
리코타 치즈	200g
석류	2TS
오렌지	1/2개
피티드 그린 올리브	3~4알
구운 피스타치오	1TS
올리브오일	3TS
발사믹 소스	1TS
꿀	1TS
소금	
후추	

RECIPE

1. 엔다이브, 방울토마토, 와일드 루꼴라, 석류알, 오렌지는 잘 씻어 물기를 뺀다.
   ↳ 과일 세척 방법은 p.41을 참조한다.
   ↳ 엔다이브는 너무 작은 잎은 제외한 8~10장의 잎을 사용한다.
2. 방울토마토는 먹기 좋게 슬라이스 혹은 1/4등분으로 자른다. 썬 드라이드 토마토는 한입 크기로 자른다. 피티드 그린 올리브는 얇게 슬라이스한다.
3. 접시에 엔다이브를 한 장씩 떼어 올린다.
4. 엔다이브의 뿌리 쪽에 리코타 치즈를 올린다. 엔다이브 일부에는 방울토마토, 썬 드라이드 토마토, 석류를 골고루 얹고 소금, 후추로 간을 맞춘다.
5. 남은 엔다이브에는 와일드 루꼴라, 그린 올리브, 구운 피스타치오를 골고루 올린다.
   ↳ 래디시 등 취향의 채소를 올려도 좋다.
6. 올리브오일과 발사믹 소스, 꿀을 섞어 만든 드레싱을 곁들인다.

시저 샐러드

Caesar Salad

이탈리아 요리사 시저 칼디니(Caesar Cardini)가 샐러드 재료가 부족해 남은 재료들을 모아 즉흥적으로 만들어낸 요리인데요, 우연히 만들어진 샐러드가 정말 오랜 시간 사랑받고 있네요. 채소를 굽지 않고 만들어도 좋습니다.

INGREDIENT__2인분

로메인	120g
식빵	1장
베이컨	2장
반숙 달걀	2개
레몬즙	1TS
무염 버터	15g
플레인 요거트	3TS
마요네즈	4TS
올리브오일	2TS
메이플 시럽	1TS
그라나 파다노 치즈	30g
크러쉬드 레드 페퍼	1/2ts
소금	
후추	

RECIPE

1. 식빵은 사방 1.5cm 크기의 정사각형으로 잘라 버터를 두른 달군 팬에 노릇노릇하게 구워 크루통으로 만든다.
   ↳ 냉동실에 보관해둔 식빵으로 만들어도 좋다.
2. 키친타월로 팬을 닦아내고 다시 중간 불로 달군다. 베이컨을 올려 굽다 메이플 시럽을 둘러 바싹하게 튀기듯 구운 후 잘게 자른다.
3. 달걀은 끓는 물에 7~7분 30초 정도 삶아 반숙으로 익힌 후 반으로 자른다.
   ↳ 냉장실에 있던 달걀은 상온에 최소 30분 이상 두었다 삶아야 깨지지 않고 잘 삶아진다.
4. 로메인은 반으로 잘라 소금, 후추로 밑간하고 올리브오일을 두른 달군 팬에 앞뒤로 노릇하게 굽는다.
5. 플레인 요거트, 마요네즈, 레몬즙을 섞어 드레싱을 만든다.
6. 그릇에 4번의 로메인을 담고 1, 2, 3을 토핑한다. 5의 드레싱과 취향에 따라 크러쉬드 레드 페퍼를 뿌린다. 마지막으로 그라나 파다노 치즈를 그레이터로 갈아 얹는다.
   ↳ 취향에 따라 파르미지아노 레지아노 치즈를 뿌려도 좋다.

어니언 수프

Onion Soup

눈이 펑펑 내리는 춥고 시린 하루, 오븐에서 갓 내온 어니언 수프를 한 스푼 떠서 먹으면 쭈-욱 늘어나는 치즈처럼 얼었던 몸도 사르르 녹을 거예요.

INGREDIENT__2인분

양파	3개
올리브오일	3TS
무염 버터	1TS
레드 와인	100mL
치킨스톡(파우더)	1TS
물	3과 1/2컵
그뤼에르 치즈	70g
바게트	2조각
마늘	1쪽
파슬리 가루	1ts
소금	
후추	

RECIPE

1. 양파는 껍질을 벗기고 씻어 채 썬다. 달군 냄비에 올리브오일을 두르고 양파를 넣어 볶는다. 오랜 시간 볶아 양파가 캐러멜라이징이 되면 버터를 넣어 함께 좀 더 볶는다.

   ↳ 양파는 약한 불에서 천천히 골고루 열심히 볶을수록 맛있다.

2. 1의 냄비에 물, 치킨스톡, 레드 와인을 넣고 양파가 물러질 때까지 푹 끓인다.

3. 수프 그릇에 2를 2/3 정도 붓고 그뤼에르 치즈를 그레이터로 갈아 충분히 얹는다.

   ↳ 그뤼에르 치즈가 없다면 생모차렐라 치즈를 넣어도 되지만, 맛과 풍미를 위해서는 그뤼에르 치즈를 추천한다.

4. 바게트는 먹기 좋게 2~3cm 크기로 잘라 굽는다. 마늘을 반으로 잘라 구운 바게트 표면에 문지르듯 발라 마늘 향을 더한 후 3의 수프에 올린다.

   ↳ 마늘 향이 싫다면 생략해도 된다.

5. 4의 위에 2의 남은 1/3을 얹고 그뤼에르 치즈를 전체적으로 골고루 갈아 올린 뒤 파슬리 가루를 뿌린다.

6. 200~220도로 예열한 오븐에서 10분간 굽는다.

   ↳ 각 가정 내 오븐의 상태에 따라 온도를 조절한다.

브로콜리 감자 수프

Broccoli Potato Soup

브로콜리는 왠지 너무 건강한 맛이 날 것만 같은 분들도 계시죠? 감자와 만난 브로콜리는 상상 이상의 풍부하고 깊은 고소한 맛을 낸답니다. 미리 만들어 놓은 매시트포테이토를 이용해도 맛있는 감자 수프를 만들 수 있습니다.

INGREDIENT__2인분

감자 2개
브로콜리 1송이
베샤멜 소스 150g
(혹은 생크림 250mL로 대체 가능)
우유 1컵
파슬리 가루 1ts
베이컨 2장
소금
후추

RECIPE

1. 감자는 깨끗하게 씻어 삶는다. 브로콜리는 10조각 정도로 자른 후 끓는 물에 소금 2TS을 넣고 적당히 데친 뒤 건져 차가운 물에 담근다.
2. 삶은 감자는 껍질을 벗겨 볼에 담아 식감을 위해 매셔로 덩어리 있게 적당히 으깬다.
   → p.143의 매시트포테이토가 있다면 대체 가능하다.
3. 데친 브로콜리는 푸드 프로세서에 4/5 정도 넣어 곱게 간다.
4. 베이컨은 튀기듯 굽는다.
5. 냄비에 베샤멜 소스(p.243 참조)를 넣고 우유로 농도를 조절하며 끓인다. 3의 브로콜리를 넣고 잘 섞는다. 남은 1/5의 브로콜리는 손으로 부수어 넣은 후 잘 섞어 좀 더 끓인다.
6. 소금, 후추를 넣어 간을 맞춘 후 접시에 담아 4의 베이컨을 토핑하고 파슬리 가루를 뿌린다.

토마토 스튜

Tomato Stew

혈액암 투병 중이던 친한 동생이 어느 날 어린 시절 미국에서 먹었던 토마토 스튜가 너무 먹고 싶다는 말에 처음 만들어보았던 메뉴예요. 스튜 속 푹 익은 소고기를 한입 크게 먹으며 행복해하던 동생의 얼굴을 지금도 잊을 수가 없네요. 감사하게도 지금은 완치되어 건강한 모습으로 요즘도 종종 만들어달라고 조르곤 한답니다. 한 시간 넘게 끓여야 하니 조금 넉넉하게 끓여 온 가족이 나눠 먹으면 더 좋겠죠?

INGREDIENT__2인분

소고기 채끝	300g
밀가루	30g
무염 버터	20g
당근	1개
감자	2개
셀러리	1줄기(생략 가능)
빨강 피망	1/2개
노랑 피망	1/2개
양송이버섯	4개
양파	1개
마늘	4쪽
물	5컵
완숙 토마토	4개
토마토 페이스트	50g
홀 토마토	2덩어리
사워 크림	2TS
치킨스톡(파우더)	1ts
월계수 잎	1장
소금	
후추	

RECIPE

1. 소고기 채끝은 큼직하게 깍뚝 썰어 소금, 후추로 밑간한다.
2. 감자, 당근은 깨끗이 씻고 껍질을 벗긴 후 2~3cm 크기로 큼직하게 썬다. 끓이는 과정에서 부서지는 것을 방지하기 위해 모서리는 둥글게 깎는다.
3. 양파는 껍질을 벗겨 씻은 후 사각 썰고 마늘은 편 썬다. 양송이버섯은 기둥을 제거한 후 십자 모양으로 4등분하고 토마토와 피망은 먹기 좋은 크기로 깍뚝 썬다. 셀러리는 겉껍질을 벗긴 후 큼직하게 썬다.
4. 1의 소고기에 밀가루를 체로 걸러 살짝 뿌린 후 손으로 살살 굴려 가며 골고루 묻힌다.
   → 소고기 겉면을 더욱 바싹하게 익혀 육즙을 가두기 위한 밑 작업이다.
5. 깊이감 있는 냄비에 버터, 3의 양파와 마늘을 넣고 볶다 버터가 녹으면 4의 소고기를 넣고 함께 볶는다.
6. 양파와 마늘이 노릇노릇해지면 2의 감자, 당근을 넣고 볶다 3의 양송이버섯과 토마토를 넣어 볶는다. 물을 붓고 치킨스톡, 홀 토마토, 토마토 페이스트, 월계수 잎을 넣어 1시간 정도 뭉근해질 정도로 푹 끓인다.
   → 중간에 확인하여 국물이 너무 졸아들었을 때는 물을 좀 더 추가한 후 계속 끓인다.
7. 3의 셀러리와 피망을 넣고 10분 정도 더 끓인 후 간을 보고 소금, 후추를 추가한다.
8. 접시에 담아 먹기 전에 사워 크림을 얹는다. 구운 바게트가 있다면 곁들여도 좋다.

요리하다 보면 메뉴마다 떠오르는 사람들이 있다.

파스타는 대표님,

토마토 스튜는 EJ

돈마호크는 상민이,

잠봉뵈르는 은희 언니,

토스트는… 나!

PAIN AU LEVAIN

Main Dish Ⅰ

CHAPTER 2

알리오 에 올리오

Aglio e Olio

파스타 메뉴의 기본 중에서도 기본, 오랫동안 많은 사랑을 받는 알리오 에 올리오입니다. 만드는 방법은 간단한데, 이상하리만큼 깊은 맛을 내는 게 쉽지 않죠? 누구나 쉽고 맛있게 실패 없이 만드실 수 있는 방법을 찾아보았어요. 가장 훌륭한 기본을 만나러 가볼까요?

INGREDIENT__2인분

스파게티 면	160g
멸치다시마 육수팩	1개
물	5컵
면수	1/2컵
페페론치노	4~5개
마늘	5쪽
마늘 가루(혹은 다진 마늘)	1ts
치킨스톡(파우더)	1ts
사우어 버터	1/2TS
그라나 파다노 치즈	30g
파슬리 가루	5g
올리브오일	
소금	
후추	

RECIPE

1. 깊이감 있는 냄비에 물을 넣고 끓이다 스텐망이나 국물용 페이퍼백에 마른 멸치, 다시마, 양파, 당근, 파 등을 넣어 육수를 우려낸 후 건져낸다.
   ↳ 시중에서 판매하는 다시팩을 사용해도 좋다.
2. 스파게티 면은 알 덴테 상태로 삶는다(p.25 형광 표시 참조). 면수는 따로 담아둔다.
3. 달군 팬에 올리브오일을 넉넉히 두르고 페페론치노와 편 썬 마늘을 넣어 매콤한 기름을 만든 후 페페론치노는 건져낸다.
   ↳ 페페론치노로 매운맛을 조절하니 취향에 따라 페페론치노 개수를 조절한다.
4. 2의 스파게티 면을 넣고 따로 덜어 둔 면수를 1국자 정도 넣어 농도를 조절하며 면에 간이 배게 볶는다. 사우어 버터(p.237 참조)를 넣어 풍미를 살린다.
5. 마늘 가루와 치킨스톡을 넣고 1분 정도 더 볶다 접시에 담는다. 그라나 파다노 치즈를 그레이터로 갈아 올리고 파슬리 가루를 뿌려 마무리한다.
   ↳ 취향에 따라 4의 과정에서 새우를 넣어 함께 볶거나 바싹 익혀 잘게 다진 베이컨 등의 토핑을 올려도 좋다.

버섯 베이컨 크림 파스타

Mushroom Bacon Cream Pasta

제가 제일 처음 만들어본 파스타입니다. 저는 토마토 베이스보다는 크림 베이스를 좋아하는데요. 주변 친구들의 주문이 제일 많은 파스타이기도 해요. 그래서 자주 만드는 메뉴지만, 매번 '더 맛있었으면' 하는 바람이 생기는 그런 메뉴예요. 아마도 저의 버섯 베이컨 크림 파스타의 최종 버전은 저의 '님'을 만나기 전까지는 계속 업그레이드 중일 것만 같네요.

INGREDIENT__2인분

파스타 면(링귀네 추천)	160g
물	5컵
면수	1/2컵
마늘	5쪽
다진 마늘	1/2TS
양파	1/2개
페페론치노	3개
버섯 4종류(표고, 만가닥, 양송이, 느타리)	합쳐 100g
버섯 퓌레	1.5TS
베이컨	2장
생크림	250mL
치킨스톡(파우더)	1ts
그라나 파다노 치즈	30g
올리브오일	
소금	
후추	

RECIPE

1. 파스타 면은 알 덴테 상태로 삶는다(p.25 형광 표시 참조). 농도를 맞추기 위해 면수는 일부 남겨 둔다.
   ↳ 크림 파스타에는 링귀네와 마팔디네 같은 납작하고 넓은 면이 좀 더 잘 어울린다.
2. 달군 팬에 올리브오일을 넉넉히 두르고 페페론치노, 편 썬 마늘, 슬라이스한 양파를 넣고 볶는다. 마늘과 양파가 노릇해지면 페페론치노를 빼낸다.
3. 적당한 크기로 자른 베이컨을 넣고 볶다 손질한 버섯들을 넣어 함께 볶는다.
   ↳ 책에서 사용된 버섯 외에도 본인의 취향에 따라 다양한 버섯으로 넣어도 좋다.
4. 다진 마늘을 넣고 좀 더 볶는다. 다진 마늘이 타기 전에 불을 약하게 줄인다. 토핑용 버섯을 일부 그릇에 덜어내고 생크림을 넣어 끓인다.
5. 1번에서 삶은 파스타 면을 넣고 볶다 면수를 넣어 농도를 맞춘다. 치킨스톡, 소금, 후추, 버섯 퓌레(p.241 참조)를 넣고 섞어 풍미를 높인다.
6. 파스타를 접시에 담아내고 4번에서 덜어낸 버섯을 토핑으로 올린다. 그라나 파다노 치즈를 그레이터로 갈아서 뿌린다.
   ↳ 달걀노른자 가루 혹은 파르미지아노 레지아노 치즈 가루도 뿌리면 더욱더 진한 풍미를 느낄 수 있다.
   ↳ 취향에 따라 카옌 페퍼를 뿌려도 좋다.

채소 면 두부 파스타

Vegetable noodles Tofu Pasta

파스타가 먹고 싶은데 다이어트 중이시라고요? 걱정하지 마세요. 칼로리를 확 낮춘, 맛있고 건강한 파스타를 소개합니다. 알록달록하게 뽑아낸 채소 면과 단백질 가득한 포두부 면은 파스타 면을 대신해도 가히 손색이 없을 거예요.

INGREDIENT__2인분

주키니(혹은 애호박)	1/2개
당근	1/2개
넓은 포두부 면	100g
문어 다리 숙회	1개
마늘 가루	1.5ts
페페론치노	3개
굴 소스	1ts
치킨스톡(파우더)	1ts
올리브오일	
소금	
후추	

RECIPE

1. 주키니와 당근을 깨끗하게 씻고 당근은 껍질을 벗긴다. 로지 스파이럴라이저를 사용해 주키니와 당근을 채소 면으로 만든다.
   ↳ 이때 채소 면이 끊어지지 않도록 주의한다.
2. 문어 다리 숙회는 한입 크기로 둥글게 썰어 준비한다.
3. 달군 팬에 올리브오일을 넉넉히 두르고 페페론치노를 넣어 매콤한 기름을 만든 후 페페론치노는 건진다.
4. 포두부 면을 넣고 마늘 가루를 뿌려 볶는다. 1의 채소 면을 넣고 소금, 후추로 간을 맞춘 후 좀 더 볶는다.
5. 채소 면에서 수분이 나와 숨이 죽을 때 즈음 굴 소스와 치킨스톡을 넣어 잘 섞는다.
6. 불을 끄고 2의 문어 다리 숙회를 넣어 잘 섞이도록 버무린 후 접시에 담아낸다.

주꾸미 오일 파스타

Webfoot octopus Oil Pasta

'알리오 에 올리오' 만들기에 성공하셨나요? 조금 색다른 오일 파스타에 도전하고 싶다면 불맛 입힌 주꾸미는 어떠세요? 불맛과 페페론치노의 알싸한 맛이 너무 잘 어울려요! 주꾸미 대신 새우나 오징어도 좋아요. 좋아하는 재료를 넣어 만들어보세요.

INGREDIENT__2인분

손질 주꾸미	3마리
스파게티 면(혹은 카펠리니)	160~180g
페페론치노	4~5개
화이트 와인(혹은 청주)	50mL
굴 소스	1ts
마늘 가루	1/2ts
치킨스톡(파우더)	1/2ts
그라나 파다노 치즈	20g
크러쉬드 레드 페퍼	5g
부추	적당량
올리브오일	
소금	

RECIPE

1. 키친타월을 사용해 손질된 주꾸미의 물기를 꼼꼼하게 제거한다. 주꾸미의 크기가 크다면 반으로 자르고, 작다면 통으로 사용한다.
   ↳ 주꾸미를 직접 손질한다면 먼저 머릿속 내장, 눈, 이빨을 제거하고 밀가루 세척을 꼼꼼하게 한다.
2. 스파게티 면은 알 덴테 상태로 삶는다(p.25 형광 표시 참조). 농도를 맞추기 위해 면수는 일부 남겨 둔다.
3. 달군 팬에 올리브오일을 넉넉히 두른다. 페페론치노를 넣고 볶아 매운 기름을 내준 후 페페론치노는 건져낸다.
4. 1번의 손질 주꾸미를 넣고 화이트 와인을 살짝 둘러 굽는다. 토치로 주꾸미에 불맛을 입힌 다음 마늘 가루를 넣어 간을 맞춘다.
5. 2번의 면과 면수를 넣고 볶다 치킨스톡, 굴 소스를 넣어 간을 맞춘다.
   ↳ 굴 소스는 간이 세니 소량만 넣어도 충분하다.
6. 접시에 담아 그라나 파다노 치즈와 크러쉬드 레드 페퍼를 뿌리고 부추를 적당량 잘라 고명으로 올린다.

매콤 로제 파스타

Spicy Rosé Pasta

로제 파스타의 매력을 뒤늦게 알게 되었어요. 그런데 집에서 만들면 2% 부족한 듯한 그런 느낌? 그래서 살짝 매콤한 맛을 추가했더니 약간의 느끼함과 부족했던 맛이 채워지더라고요. 혹시 저 같은 분이 계신다면 이 레시피에 한 번 도전해보세요.

INGREDIENT__2인분

스파게티 면	160g
물	5컵
면수	1/2컵
새우 (마리당 25~30g 기준)	8~10마리
무염 버터	20g
방울토마토	6개
파프리카 가루	1TS
카옌 페퍼	1ts
마늘 가루	1ts
생크림	150mL
고추장	12g
페코리노 로마노 치즈	30g
마일드 체다 치즈	30g
레몬	1/2개
완숙 토마토	1/2개
파슬리 가루	1ts
올리브오일	
맛술	
소금	
후추	

RECIPE

1. 새우는 소금, 후추, 맛술, 파프리카 가루를 넣고 버무려 밑간한다.
2. 스파게티 면은 알 덴테 상태로 삶는다(p.25 형광 표시 참조). 면은 올리브오일을 조금 부어 버무려 두고, 면수는 따로 빼둔다.
3. 생크림과 방울토마토를 갈아 체에 걸러 로제 소스를 만든다.
4. 중간 불에서 달군 팬에 올리브오일을 적당량 두르고 1의 새우를 볶다 노릇노릇해지면 버터를 넣고 카옌 페퍼를 뿌려 좀 더 볶는다.
   ↳ 매운맛은 카옌 페퍼로 조절한다.
5. 3의 로제 소스를 넣고 고추장, 마늘 가루, 페코리노 로마노 치즈, 소금, 후추를 넣어 간을 맞춘다. 2에서 빼둔 면수를 넣어 농도를 조절하며 2분간 볶는다.
   ↳ 토마토 페이스트가 있다면 1/2TS 정도 넣어보자. 더욱더 깊은 풍미를 맛볼 수 있다.
6. 그릇에 담고 레몬, 토마토를 손으로 으깨 즙을 뿌리고 토마토 건더기는 잘게 잘라 토핑한다. 마일드 체다 치즈는 슬라이서로 얇게 잘라 올리고 파슬리 가루를 뿌려 낸다.
   ↳ 레몬은 반으로 자르고 토마토는 미리 칼집을 낸 후 으깨면 편하다.
   ↳ 양파와 버섯을 올리브오일에 볶아 토핑해도 잘 어울린다.

명란 아보카도 파스타

Mentaiko Avocado Pasta

명란젓의 짭조름함과 아보카도의 고소함은 환상의 짝꿍, 정말 잘 어울려요. 거기에 수북이 갈아낸 치즈와 달걀노른자까지 더해지니, 은혜가 좋아하는 것들만 모아놓은 선물 상자 같네요! 이보다 더 좋을 수는 없을 거예요.

INGREDIENT__2인분

링귀네	160g
물	5컵
면수	1/2컵
저염 명란(1덩어리)	약 30g
아보카도	1/2개
마늘	3쪽
페페론치노	3개
달걀노른자	1개
베이컨	2장
파르미지아노 레지아노 치즈	50g
크러쉬드 레드 페퍼	2g
베샤멜 소스 (혹은 생크림 100mL)	30g
치킨스톡(파우더)	1ts
두부크림 치즈	1TS
올리브오일	
소금	
후추	

RECIPE

1. 링귀네는 알 덴테 상태로 삶는다(p.25 형광 표시 참조). 면수는 따로 덜어둔다.
2. 명란은 반으로 잘라 칼 끝으로 속만 긁어 준비한다. 베이컨은 튀기듯 바싹 굽는다. 아보카도는 껍질을 벗겨 반으로 잘라 씨를 제거한 후 얇게 슬라이스한다.
   ↳ 아보카도를 자를 때 칼끝을 세워 자르면 예쁜 모양을 살릴 수 있다.
3. 달군 팬에 올리브오일을 넉넉히 두르고 페페론치노와 편 썬 마늘을 넣고 매운 기름을 내준 후 페페론치노는 건져낸다.
4. 1의 파스타 면을 넣고 볶다 2의 명란을 넣어 고루 섞이게 볶는다. 이때 베샤멜 소스(p.243 참조)를 넣고 함께 섞어 끓인다.
5. 1의 면수를 넣어 농도를 조절하며 볶다 치킨스톡, 소금, 후추로 간을 맞춘다.
6. 5의 파스타를 접시에 담은 후 가운데에 파르미지아노 레지아노 치즈를 갈아 수북하게 얹는다. 숟가락으로 지그시 눌러 오목하게 홀을 만든 다음 그 안에 달걀노른자만 따로 얹는다.
7. 2의 베이컨과 아보카도를 올려 토핑한다. 취향에 따라 크러쉬드 레드 페퍼를 뿌리거나 두부크림 치즈(p.231 참조)를 흩뿌리듯 올려도 좋다.

가지 롤라티니

Eggplant Rollatini

둥글게 말려 있는 가지 안에 부드러운 수제 두부크림 치즈가 가득 담겨 있어요. 토마토 소스에 듬뿍 얹은 모차렐라 치즈까지 있어 온 가족이 모여 하나씩 나눠 떠먹는 재미가 있답니다.

INGREDIENT__2인분

가지	1.5개
양파	1개
마늘	3쪽
토마토 소스	300mL
무염 버터	10g
오레가노 가루	1ts
로즈메리 가루	1ts
페페론치노	3개
두부크림 치즈	350g
모차렐라 치즈	70g
바질 잎	5~6장
올리브오일	
소금	
후추	

RECIPE

1. 양파와 마늘은 준비한 양의 절반을 따로 잘게 다진다. 달군 팬에 기름을 두르고 양파와 마늘을 볶는다. 양파가 투명해지면 토마토 소스를 넣고 약한 불에서 2분 정도 더 볶는다.
2. 버터, 오레가노 가루, 로즈메리 가루, 페페론치노를 넣고 5분간 졸인다.
3. 가지는 세로로 길게 4~5mm 두께로 슬라이스한 후 앞뒤로 올리브오일을 골고루 바른다. 소금, 후추로 밑간한 후 달군 그릴이나 다른 팬에 올려 2/3 정도 익힌다.
   ↳ 붓이나 스프레이 오일을 사용하면 더 편하고 고르게 바를 수 있다.
4. 3의 가지 2장을 반쯤 겹치게 세로로 길게 펼쳐 놓고 그 위에 두부크림 치즈(p.231 참조)를 얹어 김밥 말 듯 둥글게 만다.
   ↳ 추가 소금 간은 두부크림 치즈에 한다. 짤주머니에 넣어 사용하면 편하다.
5. 오븐팬에 토마토 소스를 낙낙히 깔고 4의 가지를 올린다. 남은 양파와 마늘은 채 썰고 다져 함께 넣는다.
6. 모차렐라 치즈를 듬뿍 뿌린 후 뚜껑을 덮고 약한 불에서 2~3분간 익힌다.
   ↳ 오븐 혹은 에어프라이어를 사용할 경우 180도에서 5~7분간 익힌다.
7. 접시에 담고 올리브오일 1TS을 두른 후 바질 잎을 뜯어 올린다.

귀리 연어 리소토

Oat Salmon Risotto

복잡한 요리는 만들기 귀찮지만, 그렇다고 매번 똑같은 음식은 먹고 싶지 않다면 평범한 리소토에 연어 한 덩이 구워 얹어보세요. 근사한 코스 요리의 하나처럼 자태를 뽐낼 거예요. 지루한 일상에 특별함을 더해보세요. 지금 바로요!

INGREDIENT__2인분

귀리	1컵
렌틸콩	1/2컵
우유	300ml
생크림	150ml
연어	150g
화이트 와인(혹은 청주, 미림)	2TS
아스파라거스	1개
미니 양배추	2개
미니 당근	3개
마늘	3~4쪽
치킨스톡(파우더)	1ts
루꼴라	10g
래디시	1개
블루 치즈 (혹은 페타 치즈 20g)	10g
올리브오일	
소금	
후추	

RECIPE

1. 렌틸콩과 귀리는 흐르는 물에 깨끗이 씻어 이물질과 벗겨진 껍질 등을 흘려보낸 후 물에 담가 30분 이상 불린다.
2. 1의 렌틸콩과 귀리를 체에 받쳐 물기를 제거한 후 냄비에 넣고 우유를 부어 10분 이상 끓인다.
3. 2의 냄비에 생크림과 치킨스톡을 넣고 소금, 후추로 간을 맞춘다.
4. 달군 팬에 올리브오일을 적당량 두르고 소금, 후추로 밑간한 연어를 껍질이 바닥에 가도록 올려 사방이 고루 익도록 굽는다. 이때 화이트 와인을 조금 부어 비린내를 날린다.
   ↳ 수축 현상으로 연어가 둥글게 말리지 않게 눌러가며 굽는다.
5. 연어가 다 구워질 때 즈음 아스파라거스, 미니 당근, 미니 양배추, 마늘을 올려 함께 굽는다.
6. 오목한 접시에 3의 렌틸콩과 귀리를 원형으로 깔고, 가운데에 4의 연어, 5의 아스파라거스, 미니 당근, 미니 양배추, 마늘, 얇게 슬라이스한 래디시, 루꼴라를 토핑으로 올린다.
7. 블루 치즈를 손으로 부수듯 올린다.
   ↳ 취향에 따라 입맛에 맞는 치즈나 베이비 채소 혹은 구운 채소를 곁들여도 좋다.

율무 렌틸콩 리소토

Job's Tears Lentils Risotto

방송에 나온 그 리소토 맞습니다! 율무 특유의 톡톡 씹히는 맛에 자꾸만 손이 가는 율무 리소토예요. 독특한 색감과 식감이 모두 만족스럽고 맛도 좋은 요리랍니다. 크림 베이스는 물론 매콤한 토마토 소스와도 너무 잘 어울릴 거 같아요. 저도 오늘 한 번 도전해 봐야겠어요.

INGREDIENT__2인분

- 율무 2/3컵
- 렌틸콩 2/3컵
- 생크림 300ml
- 그린빈 30g
- 마늘 5쪽
- 파르미지아노 레지아노 치즈 20g
- 마늘 가루 1/2TS
- 시금치 페스토(혹은 바질 페스토) 1/2TS
- 페타 치즈 20g
- 구운 호두 10g
- 파슬리 가루 1ts
- 올리브오일
- 소금
- 후추

RECIPE

1. 율무와 렌틸콩은 깨끗하게 씻은 후 물에 담가 약 1시간 정도 불린 후 채반에 밭쳐 물기를 뺀다.
2. 에어프라이어에 올리브오일을 바른 마늘을 넣어 노릇하게 튀긴다.
3. 그린빈은 한입 크기로 썰어 끓는 물에 살짝 데친다.

   ↳ 없다면 생략해도 된다.
4. 달군 팬에 올리브오일을 적당량 두르고 1번의 율무를 넣어 살짝 볶은 후 렌틸콩도 넣어 좀 더 볶다 생크림을 붓고 끓인다.

   ↳ 생크림의 칼로리가 걱정된다면 두유를 사용해도 좋다.
5. 생크림 국물이 자작하게 졸여지면 마늘 가루, 소금, 후추, 파르미지아노 레지아노 치즈를 넣어 간을 맞춘다. 불을 끄고 시금치 페스토를 넣어 골고루 섞는다. 생크림이나 우유(두유)로 농도를 조절한다.

   ↳ 율무와 렌틸콩이 덜 익었다면 생크림을 좀 더 붓고 끓인다.
6. 오목한 접시에 5를 담아 2의 마늘, 3의 그린빈을 토핑으로 올리고 구운 호두(p.235 참조), 페타 치즈, 파슬리 가루를 솔솔 뿌린다.

먹물 관자 리소토

Squid Ink Scallop Risotto

평소 자주 접하지 않는 신선한 재료는 색다른 요리에 도전하고 싶은 새로운 원동력이 되어주기도 하죠. 저에게는 관자가 그런 재료인데요, 먹물소스와 어우러지면 더욱더 깊고 고급스러운 맛을 내주더라고요. 리소토를 만들고 남은 관자는 매시트포테이토와 유자청, 발사믹소스를 곁들여 드셔보세요. 역시 색다른 요리가 될 거예요.

INGREDIENT__2인분

리소토용 쌀(또는 흑미)	1.5컵
치킨스톡(1.5ts)을 넣은 육수 (혹은 채수)	3과 1/2컵
꼬마 관자	4개
먹물	5g
무염 버터	20g
화이트 와인	2TS
에멘탈 치즈	30~40g
소금	
후추	

RECIPE

1. 리소토용 쌀을 달군 팬에 넣어 약불로 볶는다.
   - → 열로 쌀에 균열을 내면 사이사이에 양념이 더 잘 스며들고, 쌀이 익을 때까지 오래 볶을 수 있어 양념이 밥에 더 잘 밴다.
   - → 즉석밥을 사용한다면 데워서 사용한다.
2. 1의 팬에 치킨스톡 육수를 붓고 중약불로 끓인다.
3. 먹물을 넣고 소금과 후추로 간을 맞춘 후 잘 볶는다.
4. 쌀이 익을 동안 버터를 두르고 달군 다른 팬에 관자를 넣어 4면 모두 노릇하게 익힌다. 화이트 와인, 소금, 후추로 간을 맞춘다.
   - → 이때 관자가 너무 크면 달군 팬에서 앞뒤만 노릇하게 익히고 팬에 육수를 조금 부어 끓이듯 익힌다.
   - → 관자는 적당한 크기로 잘라 사용하거나 처음부터 꼬마 관자를 사용한다.
5. 그릇에 3을 담고 4의 관자를 올려둔 후 에멘탈 치즈를 그레이터로 충분히 갈아 토핑으로 올린다.

라자냐

Lasagna

크리스마스 영화에 자주 등장하는 이탈리안 요리에요. 직접 만든 베샤멜 소스와 라구 소스가 듬뿍 얹어진 라자냐를 오븐에 구워 접시에 덜고 바질이나 타임 등 허브를 올려 먹으면 행복이 입안에 가득해진답니다. 사진을 찍어 SNS에 올려보세요. '좋아요'가 폭발할 걸요? 방송처럼 파스타 면 대신 어묵을 사용하면 색다른 식감으로 즐기실 수 있어요.

INGREDIENT__2인분

라자냐 면	5장 정도
무염 버터	20g
베샤멜 소스	400g
라구 소스	400g
슈레드 모차렐라 치즈	300g
파르미지아노 레지아노 치즈 (혹은 그라나 파다노 치즈)	100g
두부크림 치즈(생략 가능)	50g
올리브오일	
파슬리 가루	
소금	

RECIPE

1. 라자냐 면은 알 덴테 상태로 삶는다(p.25 형광 표시 참조).
2. 달군 오븐팬에 버터를 넣어 코팅하듯 문질러 바른다.
   ↳ 오븐팬은 정사각 모양을 쓰는 게 라자냐의 완성된 모양새가 예쁘다.
3. 베샤멜 소스→라구 소스→1의 라자냐 면→모차렐라 치즈 순서로 탑처럼 쌓는다. 이 과정을 3번 더 반복한다.
   ↳ 베샤멜 소스(p.243 참조)와 라구 소스(p.239 참조)는 모두 듬뿍듬뿍 올려야 맛있다.
4. 마지막으로 라자냐 면을 얹고 그 위에 파르미지아노 레지아노 치즈를 그레이터로 갈아 넉넉하게 뿌린다.
   ↳ 이 과정은 치즈향을 더 강하게 입히는 작업이지만 번거롭다면 생략 가능하다.
5. 180도로 예열한 오븐(에어프라이어)에서 30분간 굽는다.
6. 접시에 옮겨 담고 파슬리 가루와 두부크림 치즈(p.231 참조)를 올린 후 파르미지아노 레지아노 치즈를 그레이터로 갈아 소복하게 올린다.
   ↳ 이때 두부크림 치즈가 없다면 생략해도 괜찮다.

감바스 알 아히요

Gambas al Ajillo

풍미 좋은 올리브오일만 있다면 쉽고 간단하게 이국적인 분위기의 식탁을 완성하는 요리입니다. 냉장고에 있는 재료 몇 가지로도 스페인에 온 것 같은 기분을 느낄 수 있으실 거예요. 아! 바게트는 충분히 준비해주시고요.

INGREDIENT__2인분

- 새우 15마리 (마리당 25~30g 기준)
- 마늘 15쪽
- 올리브오일 300mL
- 양송이버섯 4개 (그외 좋아하는 버섯 추가 가능)
- 페페론치노 4~5개
- 블랙 올리브 15g
- 카옌 페퍼 2g
- 슬라이스한 바게트 4~5개
- 크러쉬드 레드 페퍼 2~3g
- 바질(혹은 로즈메리나 파슬리) 잎 5g
- 소금
- 후추

RECIPE

1. 새우는 머리와 등 쪽 내장, 꼬리 쪽 물총을 제거한다. 소금, 후추로 밑간해 10분 정도 재운다.
   ↳ 이쑤시개를 사용하면 새우 등 두 번째 마디에서 내장을 쉽게 제거할 수 있다.
2. 마늘은 편 썰고 블랙 올리브도 먹기 좋게 편 썬다. 양송이버섯은 기둥을 제거하지 않고 그대로 편 썬다. 바게트는 먹기 좋은 크기로 슬라이스해서 굽는다.
3. 달군 팬에 올리브오일을 넉넉하게 붓고 2의 마늘과 양송이버섯, 블랙 올리브를 넣어 반 정도 익힌 후 페페론치노와 1의 새우를 넣어 중간 불로 끓인다. 소금, 후추로 간을 맞춘다.
4. 바질 잎을 올려 향을 더하고 카옌 페퍼와 크러쉬드 레드 페퍼를 뿌려 매콤함을 더한다.
   ↳ 허브 향을 좋아한다면 3에서 넣어 함께 볶아도 좋다.
   ↳ 매운맛이 싫다면 카옌 페퍼와 크러쉬드 레드 페퍼는 넣지 않아도 좋다.
   ↳ 마늘을 좋아한다면 마지막에 마늘 가루를 넣거나 통마늘을 칼등으로 으깨듯 눌러 넣어보자. 좀 더 강한 마늘의 풍미를 느낄 수 있다.
5. 접시에 담아 2의 바게트를 곁들여 낸다.
   ↳ 남은 소스에 삶은 파스타 면(p.25 형광 표시 참조)을 넣어 볶으면 맛있는 오일 파스타를 즐길 수 있다.

리가토니 리코타 치즈 구이

Rigatoni Ricotta Grilled Cheese

리가토니의 동그란 구멍에 리코타 치즈를 넣으면 보기에도 너무 예쁘고 맛있는 요리가 완성된답니다! 저처럼 크리미하고 느끼한 음식을 좋아하는 분들이라면 블루 치즈와 파르미지아노 레지아노 치즈를 뿌려 더 찐득~한 치즈 구이로 드셔도 좋아요.

INGREDIENT__2인분

리가토니	160g
리코타 치즈	210g
크림 치즈	75g
트러플 바질 페스토	15g
토마토 소스 (혹은 라구 소스 400mL)	200mL
모차렐라 치즈	70g
바질 잎	5장
올리브오일	
소금	
후추	

RECIPE

1. 리가토니는 알 덴테 상태로 삶는다(p.25 형광 표시 참조).
2. 리코타 치즈 7 : 크림 치즈 2.5 : 트러플 바질 페스토 0.5 비율에 소금, 후추로 간을 맞춘 후 잘 섞어 짤주머니에 넣은 다음 냉장고에 1시간 이상 넣어둔다.
   ↳ 바로 요리해야 할 때는 냉동실에 잠시 넣는다.
3. 1의 리가토니 속에 2의 소스를 가득 채운 후 냉장고에 넣어둔다.
   ↳ 역시 바로 요리해야 할 때는 냉동실에 잠시 넣는다.
4. 오븐팬에 토마토 소스를 붓고 3을 넣은 후 모차렐라 치즈를 듬뿍 올린다.
5. 뚜껑을 닫아 중간 불에서 모차렐라 치즈가 노릇노릇하게 녹을 때까지 익힌다.
6. 바질 잎을 올려 낸다.
   ↳ 향을 더하는 작업으로 없으면 생략해도 된다.

홈메이드 시금치 라비올리

Homemade Spinach Ravioli

마트에서 쉽게 구할 수 있는 만두피로 색다른 메뉴를 만들어 볼까요? 바로 서양식 만두라고 할 수 있는 라비올리입니다. 반죽을 직접 한다면 더 좋겠지만, 좀 더 쉽고 편안한 버전으로 준비해 봤어요. 시금치와 리코타 치즈, 그라나 파다노 치즈 외에도 고구마, 취향의 치즈와 버섯, 소고기 등등 다양한 재료의 조합으로 소를 만들어보세요.

INGREDIENT__2인분

만두피	10장
시금치	150g
베이컨	2장
달걀	1개
양파	1/2개
마늘	3쪽
양송이버섯	3개
무염 버터	10g
리코타 치즈	120g
그라나 파다노 치즈	70g
홀그레인 머스터드 소스	1ts
레몬즙	1TS
레몬 제스트	5g
파슬리 가루	5g
치킨스톡 육수	1컵
올리브오일	
소금	
후추	

RECIPE

1. 시금치는 밑동을 자르고 흐르는 물에 씻는다. 끓는 물에 소금을 넣고 20~30초 정도 데친 후 먹기 좋은 크기로 썬다.
   ↳ 끓는 물에 소금을 넣어 데치면 시금치의 푸릇푸릇한 색깔이 더욱더 선명해진다.
2. 양파는 사방 0.5cm 크기로 깍뚝 썬다. 베이컨과 마늘은 잘게 다진다. 양송이버섯은 기둥 채로 편 썬다.
3. 달군 팬에 2의 베이컨을 굽다 1의 시금치, 달걀, 리코타 치즈, 그라나 파다노 치즈 40g을 넣는다. 소금과 후추로 간을 맞춘 후 잘 섞어 라비올리 소를 만든다.
4. 만두피 위에 3의 소를 2TS 정도 올리고 테두리에 물을 살짝 바른 후 다른 만두피로 덮는다. 가장자리를 포크로 꾹꾹 눌러 봉해 라비올리를 만든다.
5. 끓는 물 5컵에 소금 1TS과 올리브오일 2TS을 넣고 4의 라비올리를 2~3분간 삶은 후 건져낸다.
6. 달군 팬에 올리브오일을 적당량 두르고 2의 양파와 마늘, 치킨스톡 육수, 버터를 넣어 노릇노릇하게 볶다 5의 라비올리와 2의 양송이버섯을 넣어 함께 볶는다.
7. 올리브오일 4TS과 홀그레인 머스터드 소스, 레몬즙, 레몬 제스트, 소금, 후추를 넣고 섞어 만든 드레싱을 뿌린다. 그릇에 담아 남은 그라나 파다노 치즈를 넓적하게 슬라이스하여 얹고 파슬리 가루를 뿌린다.

차돌박이 바질 페스토 숏 파스타

Beef Brisket Basil Pesto Fusilli

따뜻하게 먹어도, 차갑게 먹어도 언제나 맛있는 파스타를 소개합니다. 바질 페스토와 잘게 부순 구운 호두, 다진 잣이 숏 파스타 면과 잘 섞이도록 섞어주면 식전 애피타이저로 입맛을 돋우기에 제격이에요. 애피타이저는 물론 메인이나 디저트까지, 어디서나 제 몫을 다해주는 기특한 메뉴예요. 애피타이저인 듯 메인인 듯 디저트 같은 너!

INGREDIENT__2인분

차돌박이	100g
숏 파스타 면(푸실리 추천)	160g
바질 페스토	3TS
다진 잣	15g
그라나 파다노 치즈	30g
구운 호두	15g
올리브오일	
소금	
후추	

RECIPE

1. 숏 파스타 면은 알 덴테 상태로 삶는다(p.25 형광 표시 참조). 농도를 맞추기 위해 면수는 일부 남겨둔다.
2. 1의 숏 파스타 면에 올리브오일 2TS, 그라나 파다노 치즈, 바질 페스토 2TS, 다진 잣을 넣어 잘 버무린다. 취향에 따라 소금을 추가하여 간을 맞춘다.
3. 달군 팬에 올리브오일을 살짝 두르고 키친타월로 가볍게 닦아 팬 바닥을 코팅한 후 차돌박이를 넣어 볶다 후추를 살짝 뿌린다.
   ↳ 차돌박이는 굽기 전에 미리 한 장씩 떼서 준비해 둔다.
4. 차돌박이가 다 익으면 불을 끄고 바질 페스토 1TS을 넣어 섞는다.
   ↳ 좀 더 진한 맛을 원한다면 굴 소스 1ts을 추가로 넣는다.
5. 2와 4를 한 그릇에 옮겨 담고 고명으로 구운 호두(p.235 참조)를 올린다.
   ↳ 부족한 간은 소금으로 맞춘다.

곶감 뇨키

Dried Persimmons Gnocchi

한국 곶감과 이탈리아 뇨키의 만남, 곶감 잼과 함께 많은 사랑을 받은 메뉴랍니다. 뇨키는 서양식 수제비라고 할 수 있는데요. 감자를 넣어 만든 쫄깃하고 부드러운 반죽에 곶감을 넣어 색감도 더 고와지고 맛도 더 달콤하고 부드러워졌답니다.

INGREDIENT__2인분

곶감	1개
삶은 감자	200~250g
강력분	60g~100g
달걀노른자	1개
생크림	300mL
그라나 파다노 치즈	30g
카옌 페퍼	2꼬집
올리브오일	
소금	
후추	

RECIPE

1. 곶감은 반으로 잘라 속을 긁어 퓌레로 준비한다. 삶은 감자는 매셔를 사용하거나 체에 넣고 눌러 곱게 으깬다

   ↳ 이때 으깬 감자를 도마 위에 펼쳐 수분을 날려주면 반죽할 때 강력분을 최소화로 쓸 수 있다.

2. 1의 곶감 퓌레 1/2과 으깬 감자, 강력분, 노른자, 소금을 넣어 적당한 농도의 쫀쫀한 반죽을 만든다.

   ↳ 곶감의 남은 과육은 마지막에 고명으로 사용하게 남겨둔다.

   ↳ 반죽할 때 파르메산 치즈 가루 1TS을 넣으면 더 맛 좋은 뇨키를 만들 수 있다.

3. 2의 반죽을 덧밀가루를 충분히 뿌려가며 한 줄로 길게 비빈 다음 포크 옆면을 사용해 2.5cm 폭으로 자른다. 자른 반죽을 손바닥으로 둥글게 만들어 밀가루를 덧바른다. 음식을 찍는 포크 뒷부분에 밀가루를 묻히고 반죽을 누르듯 찍어 앞으로 말면서 모양을 만든다.

4. 끓는 물 5컵에 소금 1TS과 올리브오일 2TS을 넣고 3의 반죽을 넣어 삶는다. 반죽이 떠오르면 바로 건져 물기를 털어낸 뒤 올리브오일을 두른 달군 팬에 옮겨 굽는다.

   ↳ 익힌 반죽은 잘 달라붙으니 코팅된 무쇠팬을 사용해 반죽을 굽는다.

5. 반죽의 겉면이 노릇노릇해지면 생크림을 붓고 그라나 파다노 치즈, 소금, 후추로 간을 맞춘 후 취향에 따라 카옌 페퍼를 뿌려 마무리한다.

   ↳ 남은 곶감 퓌레 1/2을 생크림과 함께 넣어주면 더욱더 풍부한 곶감의 맛과 향을 즐길 수 있다.

6. 그릇에 담아낸 후 2에서 남긴 곶감 과육을 조금 두껍게 썰어 고명으로 올린다.

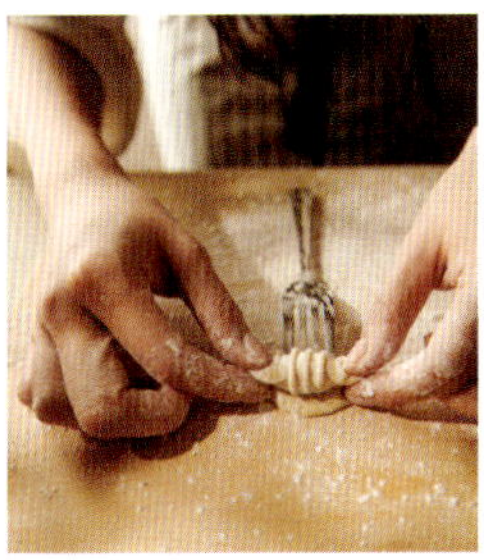

가지 미트볼 치즈 구이

Eggplant Meatball Grilled Cheese

제가 방송에서 정리단들에게 대접했던 요리 중 하나였는데요. 다들 너무 맛있게 드시고 박나래 씨는 레시피도 알려 달라고 하셔서 대접하는 저로서는 영광이고 행복했어요. 가지 미트볼 치즈 구이는 은혜도 춤추게 하는 칭찬을 부르는 맛!

INGREDIENT__2인분

가지	2개
미트볼	250g
토마토 소스	500mL
토마토 페이스트	30g
카옌 페퍼	1ts
통모차렐라 치즈	125g
슈레드 모차렐라 치즈	70g
바질 잎	4~5장
마늘 가루	1ts
올리브오일	
소금	
후추	

RECIPE

1. 가지는 투박하게 썰어 마늘 가루, 소금, 후추로 간을 한 후 달군 팬에 올리브오일을 넉넉하게 둘러 굽는다. 미트볼과 마늘 가루를 넣고 조금 더 익힌다.
   ↳ 미트볼은 시판을 쓴다면 팬에 가지보다 나중에 넣어 익히고, 홈메이드를 쓴다면 팬에 가지보다 먼저 넣어 충분히 익힌 후 가지를 넣고 요리한다.
2. 1에 토마토 소스와 토마토 페이스트를 섞은 소스를 넣고 카옌 페퍼를 넣어 매운맛을 내준다.
   ↳ 토마토 소스만 넣어도 되지만, 토마토 페이스트와 섞어 사용하면 풍미가 더 좋아진다.
3. 2를 오븐팬에 옮겨 통모차렐라 치즈와 슈레드 모차렐라 치즈를 곳곳에 올린다.
   ↳ 모차렐라 치즈는 슬라이스된 것을 사용해도 되지만, 통모차렐라 치즈가 더 보기 좋고 맛도 좋다.
4. 180도로 예열한 오븐에서 10~20분간 구운 후 오븐팬 그대로 꺼내 바질 잎을 올려 낸다.
   ↳ 에어프라이어를 사용한다면 120도에서 10분간 구워 미트볼의 익음 정도를 확인한 후 10분 정도 더 굽는다.

항정살 버섯 된장 파스타

Pork Jowl Mushroom Soybean Paste Pasta

좋아하는 레스토랑 메뉴에서 영감을 얻었어요. 메주 파스타였는데 메뉴판을 보고 '메주? 파스타?' 하며 놀랐던 기억이 나네요. 하지만 한입 먹어보는 순간 완전히 반해버렸죠. 그날 이후 메주 파스타 때문에 레스토랑 단골이 되었습니다. 요즘처럼 식당에 갈 수 없을 때 된장 한 스푼으로 레스토랑의 맛과 분위기에 도전해보세요.

INGREDIENT__2인분

마팔디네	180g
물	5컵
면수	1/2컵
항정살	150g
표고버섯	3개
양파	1/3개
마늘	4쪽
청양고추	1개
다진 마늘	1TS
치킨스톡(파우더)	1/2ts
된장	1/2TS
생크림	300mL
올리브오일	
소금	
후추	

RECIPE

1. 마팔디네는 알 덴테 상태로 삶는다(p.25 형광 표시 참조). 면수는 따로 덜어둔다.
2. 양파와 표고버섯(갓)은 슬라이스하고, 청양고추는 잘게 다져 준비한다. 마늘은 편 썬다.
   ↳ 청양고추의 씨는 제거하지 않아도 된다.
3. 달군 팬을 올리브오일로 가볍게 코팅한 후 2의 양파와 마늘을 넣어 노릇노릇하게 볶는다. 소금을 한 꼬집 정도 넣어 간을 맞춘다.
   ↳ 약한 불에서 계속 뒤적거리며 천천히 캐러멜라이징할수록 풍미가 좋아진다.
4. 항정살을 넣고 볶다 겉면이 노릇하게 익으면 2의 표고버섯과 청양고추, 다진 마늘을 넣고 좀 더 볶는다.
   ↳ 항정살 대신 닭가슴살을 넣으면 더 담백하게 먹을 수 있다.
5. 소스볼에 면수, 된장, 생크림을 넣고 잘 풀어준다.
   ↳ 생크림의 칼로리가 걱정된다면 생크림에 우유 혹은 두유를 섞어 사용해도 좋다.
6. 4의 팬에 1의 마팔디네와 5의 소스를 넣고 익힌다.
7. 된장이 짠 편이니 취향에 따라 후추로만 간을 하고 그릇에 담는다.

얼큰 토마토 국물 파스타

Spicy Tomato Soup Pasta

파스타도 얼큰하게 즐길 수 있다! 스트레스를 날려줄 얼~큰한 파스타를 소개합니다. 짬뽕처럼 깊고 떡볶이처럼 진한 맛이 당기는 날이라면 평소보다 조금 더 맵게 드셔보시는 것도 좋아요. 이 음식을 먹을 때만큼은 모든 걱정이 사라질 거예요.

INGREDIENT __2인분

숏 파스타 면(펜네 추천)	160g
물	5컵
납작 당면	30g
홍합	6개
새우	5마리
오징어(몸통만)	1/2마리
무염 버터	20g
양파	1/2개
마늘	5쪽
다진 마늘	1TS
멸치다시마 육수	3과 1/2컵
토마토 페이스트	1TS
고추장	1TS
고운 고춧가루	1/2TS
청양고추	1개
조미간장	1/2TS
화이트 와인(혹은 청주)	60mL
구운 바게트	2조각
올리브오일	
소금	
후추	

RECIPE

1. 홍합은 물에 담가 해감한다.
2. 납작 당면은 차가운 물에 담가 2시간 이상 불린다.
3. 달군 팬에 올리브오일 1TS, 무염 버터 10g, 마늘은 편 썰어 넣고 볶는다.
4. 3의 마늘이 노릇노릇해지면 채 썬 양파를 넣어 볶다 소금, 토마토 페이스트, 고추장, 고운 고춧가루, 멸치다시마 육수를 넉넉히 붓고 잘 섞은 후 끓인다.
5. 다른 달군 팬에 남은 버터와 다진 마늘을 넣어 볶다 1의 홍합, 새우, 오징어를 넣고 홍합이 입을 벌릴 때까지 뚜껑을 닫아 끓인다.
6. 홍합이 열리면 화이트 와인, 조미간장을 넣어 풍미를 살리고 간을 맞춘다. 맵기는 잘게 다진 청양고추로 조절한다.
7. 6에 4를 섞은 후 미리 알 덴테로 삶은 숏 파스타 면(파스타 면 삶는 방법은 p.25 참조)과 2의 당면을 넣고 끓인다.
8. 그릇에 담아 구운 바게트 빵을 곁들여 낸다.
   - ↳ 조금 더 이국적인 느낌을 원한다면 바질 잎과 토마토를 고명으로 올린다.
   - ↳ 누룽지 튀김을 곁들이면 색다른 느낌을 맛볼 수 있다.

'혼밥'이 유행이라지만, 나는 '혼밥'이 싫다.
아무리 맛있고 비싼 요리라도 혼자서 먹는 음식은
나에겐 아무런 기쁨이 없다.
소박하고 평범한 음식이라도 함께 나눠 먹을 때
즐겁고 행복함을 느낀다.
나는 오늘도 식탁에 마주 앉을 누군가를 위해,
다시 요리를 시작한다.

Main Dish Ⅱ

CHAPTER 3

달고기 파피요트

John Dory en Papillote

닭고기가 아닌, 검은 반점이 있는 생선 달고기예요. 뽀오얀 살에 담백한 맛이 일품인 달고기는 외국에서 스테이크 요리로 더 유명하다고 합니다. 우리나라에서도 사시사철 다 나오기 때문에 구하기도 좋고 가격도 저렴한 아이랍니다. 종이 포일로 감싸 오븐에 찌듯이 구워내 생선 본연의 맛과 채소의 담백함이 어우러지는 파피요트, 한 번 도전해볼까요?

INGREDIENT__2인분

달고기	200~300g
감자	1개
적양파	1개
미니 당근	5개
그린빈	5개
방울토마토	5개
취향의 다양한 버섯	적당량
레몬	1개
딜(혹은 로즈메리)	1줄기
화이트 와인	200mL
마늘 가루	1ts
올리브오일	
소금	
후추	

RECIPE

1. 손질된 달고기는 깨끗이 씻어 키친타월로 물기를 꼼꼼하게 제거하고 소금, 후추, 마늘 가루로 밑간한다.
2. 감자는 깨끗이 씻어 얇게 슬라이스한 후 차가운 물에 담가 전분기를 뺀다. 키친타월로 물기를 제거한 후 소금, 후추로 밑간한다. 적양파는 슬라이스하고 취향의 버섯과 방울토마토는 한입 크기로 자른다.
3. 종이 포일을 같은 크기로 2장 넓게 자른다. 1장을 오븐팬에 깔고 가운데에 2번의 감자→적양파 순서로 올린 후 올리브오일을 뿌린다. 그 위에 1번의 달고기를 올리고 달고기 위에 슬라이스한 레몬과 딜을 올린다. 달고기 주변에 미니 당근, 그린빈, 버섯, 방울토마토를 가니쉬로 올린 다음 올리브오일을 조금 더 두른다.
   ↳ 재료를 층층이 쌓을 때마다 올리브오일과 소금, 후추를 조금씩 넣으면 좋다.
4. 남은 종이 포일 1장을 3번 위에 덮는다. 겹쳐진 면의 한쪽 모서리 부분은 바깥으로 접고, 나머지는 주름치마 접듯 안으로 접는다. 다 여미기 전에 구멍으로 화이트 와인을 붓는다.
   ↳ 화이트 와인은 생선의 비린내를 잡고 풍미를 올려주니 꼭 넣는다.
5. 종이 포일 마지막 부분은 바깥으로 접어 틈 없이 여며준 후 190~200도로 예열한 오븐에 넣어 25~30분간 굽는다. 에어프라이어는 예열 없이 바로 같은 온도와 시간으로 굽는다.
   ↳ 달고기가 속까지 다 익었는지 확인하려면 이쑤시개나 나무 꼬치로 달고기의 가운데 부분을 찔러 2초 정도 후에 꺼내 아랫입술에 대어본다. 차가운 느낌이 없다면 잘 익은 것이다.
6. 종이 포일 그대로 접시에 옮겨 담아 요리가 잘 보이게 종이 포일을 펼친다.

연어 파피요트

Salmon en Papillote

연어 스테이크보다 촉촉하고 연어찜보다 더 향긋한 연어 파피요트입니다. 함께 곁들일 채소의 향이 화이트와인과 더해져 연어에 향긋한 옷을 입힌답니다. 특히 다이어트 요리로 너무너무 좋아요. 가족 친구 연인과의 특별한 날, 종이 포일 그대로 접시에 담아 식탁에 올려보세요. 특별히 꾸미지 않아도 맛과 멋 두 마리 토끼를 다 잡을 수 있는 메뉴예요.

INGREDIENT__2인분

연어(부위 상관없음)	300g
레몬	1개
로즈메리(혹은 딜)	1줄기
적양파	1/2개
샬롯	4개
방울토마토	4개
아스파라거스	4줄기
화이트 와인	200mL
올리브오일	
소금	
후추	

RECIPE

1. 연어는 키친타월로 물기를 꼼꼼하게 제거하고 소금, 후추로 밑간한다.
2. 종이 포일을 넓게 잘라 오븐팬에 깔고 가운데에 올리브오일을 뿌린다. 그 위에 아스파라거스 →슬라이스한 적양파 순서로 깔고 소금, 후추로 밑간한다.
3. 2번 위에 1번의 연어를 올린 다음 슬라이스한 레몬과 로즈메리를 올린다. 샬롯과 방울토마토를 반으로 잘라 연어 옆에 놓는다. 전체적으로 소금, 후추를 살짝 더 뿌리고 올리브오일도 좀 더 두른다.
4. 종이 포일을 넓게 1장 더 잘라 3번 위에 덮는다. 처음 한 면은 바깥으로 접고, 나머지는 주름치마 접듯 안으로 접는다. 다 여미기 전에 구멍으로 화이트 와인을 붓는다.
   ↳ 크러쉬드 레드 페퍼를 넣으면 생선 잡내를 더욱더 효과적으로 잡을 수 있다.
5. 종이 포일 마지막 부분은 바깥으로 접어 틈 없이 여며준 후 190~200도로 예열한 오븐에 넣어 25~30분간 굽는다.
   ↳ 에어프라이어로 굽는다면 예열 없이 바로 같은 온도와 시간으로 굽는다.
   ↳ 연어가 다 익었는지 확인하려면 이쑤시개나 나무 꼬치로 연어의 가운데 부분을 찔러 2초 정도 후에 꺼내어 아랫입술에 대어 본다. 차가운 느낌이 없다면 잘 익은 것이다.
6. 종이 포일 그대로 접시에 옮겨 담아 요리가 잘 보이게 종이 포일을 펼친다.

소고기 스테이크

Beef Steak

육즙 가득 품은 맛있는 소고기 스테이크를 집에서 한 번 구워 볼까요? 질 좋은 소고기와 신선한 채소들만 있다면 이미 훌륭한 메인 접시가 될 준비는 끝났어요. 저는 미디엄 레어로 부탁드려요!

INGREDIENT__2인분

- 스테이크용 소고기 부챗살 (두께는 1.5~2cm 정도) 400g
- 로즈메리(혹은 타임) 1줄기
- 마늘 4쪽
- 통마늘 1개
- 아스파라거스 2줄기
- 샬롯 3개
- 방울토마토 3개
- 그 외 취향의 가니쉬 채소 적당량
- 무염 버터 40~50g
- 올리브오일
- 소금
- 후추

RECIPE

1. 스테이크는 부드러운 육질을 위해 굽기 전에 20~30분간 상온에 둔다. 키친타월로 핏물을 꼼꼼히 제거하고 앞뒤로 소금, 후추 밑간한 후 로즈메리를 올리고 올리브오일을 골고루 부어 약 30분간 재운다.
   ↳ 고기를 냉장고 혹은 냉동실에서 바로 꺼내 구우면 팬의 온도가 확 떨어져 육즙이 새어 나와 고기가 삶아지듯 구워진다.
2. 팬을 중간 불에서 2~3분 정도 달군 후 올리브오일을 두른다. 고기에 열이 골고루 잘 전달될 수 있도록 팬 위에서 계속 옮기고 돌려가며 굽는다. 30초에 한 번씩 뒤집어 준다.
   ↳ 스테이크는 스테인리스팬 혹은 무쇠팬으로 굽는 것을 추천한다.
3. 고기의 양쪽 겉면이 약간 탄 듯한 모양새가 되었을 때 마늘을 가볍게 으깨어 넣고 로즈메리도 넣는다. 고기를 돌려가며 모든 면을 골고루 굽는다.
   ↳ 좀 더 깔끔한 모양새를 원한다면 마늘은 편으로 썰어 넣어도 좋다.
4. 크게 자른 버터 조각을 넣고 불을 약하게 줄인 후 버터가 녹으면 버터 샤워를 한다.
5. 불을 끄고 뚜껑을 덮거나 포일에 싸서 10~20분 정도 레스팅한다. 레스팅할 동안 다른 팬에 통마늘, 샬롯, 방울토마토 등 취향의 가니쉬 채소를 굽는다.
6. 접시에 5의 스테이크를 올리고 구운 가니쉬 채소로 토핑한다.

연어 스테이크

Salmon Steak

겉면을 튀기듯 구운 연어 스테이크에 수란을 얹어보세요. 고소하게 흐르는 노른자와 속은 촉촉 겉은 바싹하게 잘 익은 연어 스테이크는 오늘의 식탁을 풍성하고 즐겁게 해줄 거예요.

INGREDIENT__1인분

연어(구이용 덩어리)	300g
박력분	30g
달걀	2개
습식·건식 빵가루 각각	50g
파슬리 가루	1ts
현미오일	500mL 이상
딜(혹은 로즈메리)	1줄기
베이비 채소	30g
레몬	1/2개
크러쉬드 레드 페퍼	1/2ts
수제 타르타르 소스	
올리브오일	
소금	
후추	

RECIPE

1. 연어는 소금과 후추로 밑간한 후 올리브오일을 골고루 바른다. 딜을 얹고 서늘한 곳에서 20~30분간 재운다.
   ↳ 여름에는 냉장고에 넣어 재운다.
2. 달걀은 풀어 달걀물을 만들고 습식 빵가루, 건식 빵가루, 파슬리 가루는 모두 섞는다.
3. 무쇠팬에 현미오일을 붓고 달군다.
4. 박력분→달걀물→빵가루 순서로 1번의 연어에 튀김옷을 입힌다.
5. 3의 기름이 잘 달구어졌으면 4번의 연어를 넣어 노릇하게 튀기듯 굽는다.
   ↳ 현미오일에 빵가루를 조금 떨어뜨렸을 때 빵가루가 바로 떠오르면 튀기기 좋은 온도이다.
   ↳ 거름망으로 빵가루 부스러기 등을 틈틈이 걷어내면 더 깔끔하게 구울 수 있다.
6. 잘게 다져 매운맛을 뺀 양파 1/4개, 레몬즙 30mL, 마요네즈 4TS을 섞어 수제 타르타르 소스를 만든다.
7. 접시에 5의 연어를 담고 6의 타르타르 소스를 올린다. 취향의 베이비 채소를 토핑하고 크러쉬드 레드 페퍼를 뿌린다.
   ↳ 소금, 후추로 간을 더하고 레몬 제스트를 뿌리고 반숙 달걀을 곁들이면 더욱더 고소하고 향긋한 연어 스테이크를 맛볼 수 있다.

농어 스테이크

Sea Bass Steak

최근 방송에 출연해 여러 요리를 만들어볼 일이 많았는데, 그때 도전해 본 요리에요. 농어가 이렇게 맛있는 생선인 줄 몰랐어요. 버터 샤워로 마무리한 겉바속촉 농어 스테이크, 정말 강력 추천입니다!

INGREDIENT __1인분

농어	250g
대파	15g
마늘	4쪽
시금치	25g
페타 치즈	20g
무염 버터	40g
시금치 페스토	2/3TS
화이트 와인(혹은 화이트 발사믹 또는 청주)	2TS
올리브오일	
소금	
후추	

RECIPE

1. 달군 무쇠팬에 올리브오일을 넉넉히 두르고 마늘을 편 썰어 넣어 볶는다. 마늘이 노릇해지면 동그랗게 채 썬 대파를 넣고 역시 노릇해질 때까지 볶는다. 볶은 마늘과 대파를 고명용으로 반쯤 덜어 접시에 담아둔다.
2. 1의 팬에 그대로 손질한 시금치를 넣고 소금, 후추를 살짝 뿌려 시금치의 숨이 죽을 만큼만 볶는다. 불을 끄고 시금치 페스토를 넣고 섞어준 뒤 팬에서 덜어 따로 담아둔다.
3. 2의 무쇠팬을 닦지 않고 양념이 있는 그대로 다시 불에 달군 후 농어의 껍질 부분이 팬에 닿도록 놓는다. 수축으로 인한 변형 방지를 위해 주걱 등으로 농어를 살짝 누르며 약중간 불에서 4~5분 정도 굽는다. 소금, 후추로 간을 맞춘다.
4. 농어를 뒤집어 아랫면과 옆면이 익도록 약 2분 정도 더 굽는다. 어느 정도 익으면 불을 최대한 약하게 줄이고 화이트 와인과 버터를 넣는다. 버터가 녹으면 버터 샤워를 하며 좀 더 굽는다.
   ↳ 화이트 와인은 생선의 비린내를 잡고 풍미를 올려주니 꼭 넣는다.
5. 나무 꼬치로 농어 속을 찔렀다 꺼내 아랫입술에 대어 보고 익은 정도를 확인한다. 차가운 느낌이 없으면 무쇠팬에서 꺼내 접시에 담아 남은 열기로 마저 익힌다.
   ↳ 쇠젓가락은 열기를 제대로 측정할 수 없으니 사용하지 않는다.
6. 2번의 시금치를 농어 옆에 예쁘게 담아낸다. 1번에서 빼놓은 마늘과 대파는 농어 위에 고명으로 올린다. 접시 위에 페타 치즈를 골고루 뿌린다.

매시트포테이토를 곁들인 돈마호크 스테이크

'Donmahawk' Steak with Mashed Potatoes

도끼 모양을 닮은 돼지고기 돈마호크는 살코기 부분이 굉장히 담백하고 기름기도 적당히 있어 특별한 소스 없이도 고급스러운 맛을 즐기실 수 있어요. 조금 특별한 메뉴를 선보이고 싶은 날, 파티 분위기를 연출하고 싶은 날 안성맞춤이에요!

INGREDIENT__2인분

- 돈마호크 700g
- 베이비 채소 .... 적당량
- 그 외 취향의 가니쉬 채소와 과일 .... 적당량
- 매시트포테이토 180g
- 무염 버터 20g
- 맥주(혹은 레드 와인) 100mL
- 로즈메리 2줄기
- 올리브오일
- 소금
- 후추

RECIPE

1. 돈마호크는 소금, 후추를 넉넉히 뿌려 밑간한 후 로즈메리를 올린다. 올리브오일을 충분히 발라 마리네이드한다.
   ↳ 허브는 취향에 따라 사용해도 좋다.
2. 달군 오븐팬에 1의 고기를 올린다. 육즙이 빠져나가지 않도록 고기의 모든 면을 겉이 탈 정도로 바짝 굽는다.
   ↳ 깊이감 있는 오븐팬을 사용하면 좋다.
3. 2의 팬에 바로 버터를 넣고 고기의 반이 잠길 정도로 맥주를 붓는다.
4. 3의 팬을 180도로 달군 오븐에 그대로 넣어 40분간 굽는다.
   ↳ 에어프라이어에는 160도에서 20분간 굽고, 고기를 뒤집어 같은 온도에서 20분간 더 굽는다.
5. 접시에 4의 고기를 옮겨 담고 매시트포테이토(p.143 참조), 취향의 베이비 채소와 과일 등을 토핑한다.
   ↳ 이때 과일은 토치로 살짝 구우면 단맛이 올라가 스테이크에 더 잘 어울린다.
   ↳ 소스팬에 남은 소스와 오렌지 주스를 넣고 살짝 끓이면 상큼한 맛의 소스로 사용할 수 있다.

영계 베이컨 통구이

Grilled Bacon Wrapped Young Chicken

개리 씨의 아들 하오에게 만들어 주었던 요리예요. 유명 셰프 고든 램지 버전의 칠면조 구이 레시피를 참조해봤어요. 6시간이나 걸리는 칠면조 구이를 좀 더 쉽고 한국인의 입맛에도 더 어울리는 영계로 만들어 봤답니다.

INGREDIENT__2인분

영계(500g 내외)	1마리
베이컨	200g
아스파라거스	3줄기
샬롯	4개
미니 당근	5개
표고버섯	2개
그 외 베이비 채소	적당량
로즈메리	1줄기
레몬	1/2개즙
레몬 제스트	적당량
레몬즙	적당량
올리브오일	15mL
바질 가루	10g
마늘 가루 (혹은 다진 마늘 1TS)	2ts
무염 버터	200g
생크림	250mL
그라나 파다노 치즈	30g
소금	
후추	

RECIPE

1. 닭은 물에 씻어 핏물과 불순물을 제거하고 키친타월로 물기를 꼼꼼하게 제거한다.

   → 닭을 물에 씻을 때 식중독을 일으키는 살모넬라균과 캄필로박터균 등이 싱크대와 조리기구 등에 튀어 오염될 수 있으니, 닭을 씻은 후 주변도 소독하는 편이 좋다. 만약 소독이 어렵다면 닭을 75도 이상에서 충분히 익히면 세균이 사멸하니 닭을 씻지 말고 그대로 사용한다.

2. 볼에 올리브오일, 레몬즙, 레몬 제스트, 마늘 가루, 버터, 바질 가루를 넣고 섞어 양념을 만든다.

   → 레몬은 스퀴즈로 즙을 내고, 그레이터로 껍질을 갈아 레몬 제스트를 만든다(p.41 '과일 씻는 방법' 참조).

   → 버터는 손가락으로 눌렀을 때 쑥 들어갈 만큼만 녹아야 닭에 골고루 바를 수 있다. 차가운 버터를 바로 사용하면 익힐 때 폭발 위험이 있으므로 전자레인지에 버터를 넣어 10초 정도 돌리고 잠시 멈추었다 다시 데우는 과정을 3~4회 반복한다.

3. 요리용 장갑을 끼고 닭의 껍질과 살 사이에 손가락을 넣어 2의 양념을 바를 공간을 만든다. 껍질과 살 사이에 양념을 충분히 바르고 몸통 안에는 즙을 짜낸 레몬 1/2개와 샬롯을 넣는다. 다리를 교차해 실로 묶은 후 오븐팬에 올린다.

4. 200~220도로 예열한 오븐에 넣어 15분간 구운 후 꺼내 닭의 윗면을 베이컨으로 촘촘히 덮는다. 미니 당근, 갓만 편 썬 표고버섯, 취향의 베이비 채소를 닭의 주변에 놓는다. 다시 160도 오븐에서 50~60분간 구운 후 잔열로 최소 30분 이상 레스팅한다.

   ↳ 200~220도로 초벌구이할 때 고기 겉면의 색이 변했다 싶을 만큼 굽는다.

   ↳ 에어프라이어로 굽는다면 예열 없이 바로 같은 온도와 시간으로 굽는다.

5. 레스팅할 동안 소스팬에 빠져나온 육즙 1컵, 생크림, 후추, 그라나 파다노 치즈를 넣어 곁들일 소스를 만든다.

6. 접시에 4의 고기와 가니쉬 채소를 담고 5의 소스를 적당량 뿌린다.

   ↳ 숏 파스타 면을 삶아(파스타 면 삶는 방법은 p.25 참조) 소스에 비벼 함께 곁들여 먹어도 좋다.

소고기 바질 페스토&시금치 치즈 구이

Beef Basil Pesto & Grilled Spinach with Cheese

제가 처음으로 도전해 본 오븐 요리예요. 함께하는 사람들을 행복하게 해주고 싶어 만든 첫 오븐 요리가 지금까지 많은 사람을 행복하게 해주는 메뉴가 되어주고 있답니다.

INGREDIENT__2인분

소고기 등심 (200g 각각 1장씩)	400g
시금치	150g
대파	10g
마늘	4쪽
통마늘	1개
양파	1/2개
방울토마토	4~5개
슈레드 모차렐라 치즈	70g
슬라이스 체더 치즈	1장
무염 버터	20~30g
바질 페스토	2ts
로즈메리	2줄기
올리브오일	
소금	
후추	

RECIPE

1. 소고기 위에 랩을 덮고 고기 망치로 탕탕탕 두드려 나무 꼬치에 꿰기 좋은 두께로 편다(약 1.5cm 정도). 앞뒤로 소금, 후추로 밑간한다.
2. 마늘은 편 썰고 대파도 둥글게 편 썬다. 양파는 얇게 슬라이스하고 시금치는 뿌리를 자른 후 먹기 좋은 크기로 자른다.
3. 적당히 달군 팬에 올리브오일을 넉넉히 두른다. 2의 마늘→대파→시금치 순으로 넣으며 살짝 볶다 불을 끄고 바질 페스토를 넣어 잘 섞는다.
4. 3을 접시에 옮겨 담고 키친타월로 팬을 가볍게 닦는다. 다시 팬에 올리브오일을 두르고 불에 올려 충분히 팬이 달궈지면 1의 소고기를 올린다.
5. 소고기의 한쪽 겉면이 익으면 뒤집어 위에 로즈메리를 올리고 버터는 소고기 옆에 놓는다. 버터가 녹으면 소고기에 버터 샤워를 한다. 속까지 너무 익지 않게 조심하며 겉면을 익힌다.
6. 오븐팬에 소고기→체더 치즈→볶은 바질 페스토&시금치→슈레드 모차렐라 치즈→소고기 순서로 차곡차곡 쌓는다. 나무 꼬치 4개로 소고기의 가장자리끼리 꿰매듯 잘 여며준다.
7. 180~200도로 예열한 오븐에서 6을 5분간 굽는다. 접시에 담아 미리 구워놓은 방울토마토, 통마늘 등을 토핑한다.

   → 에어프라이어로 굽는다면 예열 없이 바로 같은 온도와 시간으로 굽는다.

통삼겹 구이

Roasted Pork Belly

정말 간단하지만 아주 폼 나는 요리입니다. 겉바속촉의 정석! 오븐에 구워진 껍질은 바싹하고 속살은 수육처럼 부드러워요. 맛 또한 최고랍니다!

INGREDIENT__2인분

- 통돼지 삼겹살 (혹은 오겹살/목살, 두께 약 6~7cm, 길이 약 15cm) 500g
- 샬롯 5개
- 미니 양배추 3개
- 미니 당근 3개
- 머스터드 소스 50g
- 채수(혹은 치킨스톡 육수) 200mL
- 무염 버터 30g
- 올리브오일
- 소금
- 후추

RECIPE

1. 통삼겹살 지방 부분에 사선으로 교차하며 칼집을 낸다. 고기의 모든 면에 소금, 후추로 밑간한 후 머스터드 소스를 골고루 듬뿍 바른다.
2. 올리브오일을 두른 팬에 통삼겹살의 모든 면이 바삭해질 정도로 굽는다. 굽는 도중에 버터를 넣고 녹으면 버터 샤워를 한다.
   ↳ 통삼겹살 모양이 망가지지 않게 집게로 잘 잡아가며 굽는다. 불안하다면 실로 묶은 후 구워도 좋다.
3. 가니쉬 채소를 한입 크기보다 조금 더 큼직하게 썰어 오븐팬 위에 깔고 채수를 골고루 붓는다. 그 위에 2의 고기를 올려 120도로 예열한 오븐 안에 넣고 60분간 더 익힌다.
   ↳ 고기의 두께에 따라 굽는 온도와 시간을 조절한다.
   ↳ 에어프라이어를 사용한다면 가니쉬 채소는 한입 크기로 썰고 고기와 함께 120도에서 30분간 익힌다. 채수를 붓고 고기와 가니쉬 채소를 뒤집은 후 같은 온도에서 20분간 더 익힌다.
4. 바닥이 살짝 오목한 접시에 3의 고기와 가니쉬 채소를 담는다.

When they had finished eating, Jesus said to Simon Peter,
"Simon son of John, do you love me more than these?"
"Yes, Lord," he said, "you know that I love you."
Jesus said, "Feed my lambs."
Again Jesus said, "Simon son of John, do you love me?"
He answered, "Yes, Lord, you know that I love you."
Jesus said, "Take care of my sheep."
The third time he said to him, "Simon son of John, do you love me?"
Peter was hurt because Jesus asked him the third time, "Do you love me?"
He said, "Lord, you know all things; you know that I love you."
Jesus said, "Feed my sheep."

John 21:15-17

Asian Cuisine

CHAPTER 4

가츠동

Katsudon

예전에는 바싹하게 튀긴 튀김을 왜 굳이 소스에 적셔 먹을까 의아했는데, 한입 먹는 순간 그 의구심은 믿음으로 바뀌었어요. 소스를 만드는 게 번거로우시다면 어제 끓여 먹고 남은 김치찌개에 돈가스를 얹어 달걀을 풀어보세요. 쉽고 편한 김치가츠나베로 변신한답니다!

INGREDIENT__1인분

돼지고기 안심(덩어리)	200g
밥	210g
박력분	30g
달걀	3개
습식·건식 빵가루 각각	50g
파슬리 가루	1ts
현미오일	500mL 이상
양파	1/2개
쪽파	5g
취향의 다양한 버섯	60g
조미간장	15mL
맛술	15mL
다시물	50mL
비정제 사탕수수 원당	1/4TS
카옌 페퍼	한 꼬집
소금	
후추	

RECIPE

1. 돼지고기 안심은 키친타월로 물기를 꼼꼼하게 제거한다. 비닐을 덮어 고기 망치로 얇게 두드린 후 소금, 후추로 밑간한다.
2. 습식 빵가루와 건식 빵가루, 파슬리 가루는 모두 섞고 달걀 2개를 풀어 달걀물을 준비한다.
3. 박력분→달걀물→빵가루 순으로 1의 돼지고기에 튀김옷을 입힌다. 냄비에 부어 180도로 달군 현미오일에 노릇노릇하게 튀겨낸 후 키친타월을 깐 채반에 올려 기름을 뺀다.
4. 양파는 가늘게 채 썰어 달군 팬에 볶아 캐러멜라이징하고, 취향의 다양한 버섯은 먹기 좋게 손질한다.
5. 다른 냄비에 조미간장, 맛술, 다시물, 비정제 사탕수수 원당을 넣고 끓인다. 카옌 페퍼를 넣으면 색다른 맛을 느낄 수 있다.
6. 5에 4의 양파와 버섯들을 넣고 함께 끓인다.
   ↳ 매콤한 맛을 더하고 싶다면 이쑤시개로 꽈리 고추 몸통에 구멍을 뿅뿅 뚫은 후 함께 넣어 끓인다.
7. 오목한 그릇에 밥을 담고 위에 6을 얹는다. 남은 달걀 1개를 곱게 풀어 그 위에 붓는다.
8. 한 김 식은 3의 돈가스를 적당한 크기로 썰어 7에 얹고 잘게 자른 쪽파를 얹어 낸다.

명란 오차즈케

Mentaiko Ochazuke

입맛 없고 귀찮은 날이라 그냥 찬밥에 물 말아 대충 먹고 싶을 때가 있지요. 나를 위한 최소한의 노력으로 간단하지만 맛있는 한 끼를 소개합니다.

INGREDIENT__1인분

온명란	30g
김(생김, 김밥용 김)	1장
쪽파	5g
녹차 티백	1개
밥	210g
깨	1ts
들기름	1ts
조미간장	1ts
무염 버터	10g
비정제 사탕수수 원당	1ts

RECIPE

1. 따뜻한 물에 녹차 티백을 담가 우려낸다.
   ↳ 기호에 따라 다시물을 섞어도 좋다.
2. 조미간장, 비정제 사탕수수 원당을 섞어 소스를 만든다. 김은 잘게 부수어 가루로 만든다.
3. 명란은 물에 가볍게 헹궈 양념을 씻어내고 키친타월로 물기를 꼼꼼하게 제거한다.
4. 팬에 버터를 두르고 3의 명란을 올려 약한 불에서 천천히 굽는다. 반쯤 익으면 들기름과 2의 소스를 붓고 명란에 배게 더 굽는다.
5. 그릇에 밥을 담고 4의 명란을 먹기 좋게 썰어 올린다. 2의 김가루, 잘게 썬 쪽파, 깨를 토핑으로 얹은 후 1의 녹차를 자작하게 붓는다.
   ↳ 깨는 곱게 갈아 사용한다.

옛날 왕 돈가스

Old Style Big Pork Cutlet

어릴 적 아빠의 월급날 한 달에 한 번 먹었던 외식 메뉴 중 하나인 '왕 돈가스'예요. 이제는 외식이 너무 자연스러워진 어른의 삶이지만, 때로는 어린 날 소풍같이 들뜨고 설레던 그 기분이 조금 그립네요. 추억을 더듬어 만들어 본 요리에요. 여러분을 설레게 하는 음식은 무엇인가요?

INGREDIENT__1인분

돼지고기 등심	200g
박력분	30g
달걀	2개
습식·건식 빵가루 각각	50g
파슬리 가루	1ts
현미오일	500mL 이상
소금	
후추	

RECIPE

1. 도마에 돼지고기 등심을 올려 랩으로 덮는다. 고기 망치나 칼 뒷부분을 사용해 얇게 두드려 펴 준다. 얇으면 얇을수록 좋다.
   ↳ 고기에 랩을 덮은 후 두드리면 고기가 찢어지는 사고를 방지할 수 있다.
   ↳ 고기의 크기가 작다면 고기 덩어리 2개의 가운데를 겹쳐 겹친 부위를 중심으로 두드려 펴는 것을 추천한다.
2. 달걀은 곱게 풀어 달걀물을 만들고 습식 빵가루와 건식 빵가루, 파슬리 가루는 모두 섞어 준비한다.
3. 박력분→달걀물→빵가루 순서로 묻혀 1의 돼지고기에 튀김옷을 입힌다.
4. 팬에 현미오일을 넉넉하게 붓고 달군다. 빵가루를 조금 넣었을 때 바닥으로 내려갔다가 2초 안에 포르르 올라오면 튀기기 좋은 온도가 되었다는 뜻이니 3의 돼지고기를 넣어 앞뒤로 뒤집어가며 노릇노릇하게 튀긴다.
   ↳ 튀김가루 등의 불순물은 금방 타버려 요리의 색과 풍미 등을 망치니 거름망으로 틈틈이 걷어내며 튀긴다.
   ↳ 돼지고기를 2장 겹쳐 튀긴다면 모양이 흐트러지지 않게 조심하며 튀긴다.
   ↳ 튀김 요리를 할 때는 안전을 위해 긴 나무젓가락과 집게를 사용한다.
5. 키친타월을 깐 채반 위에 올려 기름을 빼고 접시에 담아낸다.
   ↳ 가니쉬로 감자와 방울토마토 등을 구워 곁들이면 좋다.

통모차가스

Whole Mozzarella Cutlet

치즈가 듬뿍 들어 있는 통모차가스! 줄 서서 먹는 그 유명한 메뉴와 비교할 수는 없지만요, 자신 있게 말할 수 있는 건 저는 옥수동 윤식당에 줄 서 있을 거예요.

INGREDIENT__1인분

돼지고기 통등심(두께 3cm)	200g
통모차렐라 치즈	140g
베이비 채소	50g
박력분	30g
달걀	2개
습식·건식 빵가루 각각	50g
파슬리 가루	1ts
현미오일	500mL 이상
소금	
후추	

RECIPE

1. 돼지고기 통등심은 키친타월로 물기를 꼼꼼하게 제거한 후 랩을 덮어 고기 망치로 앞뒤를 두드리며 최대한 얇게 편다.
   ↳ 랩을 덮어 두드리면 고기가 찢어지는 사고를 방지할 수 있다.
   ↳ 고기의 지방은 튀긴 후 식으면 질겨지니 고기를 두드리기 전에 미리 제거한다.
   ↳ 도마 밑에 천을 깔면 도마가 움직이지 않아 안정적이고 소음 방지도 된다.
2. 1의 등심을 소금, 후추로 밑간한다. 크기에 맞게 통모차렐라 치즈를 잘라 얹는다. 고기로 잘 싸준 뒤 랩으로 감싸 모양을 잡아준 후 냉장고에 넣어 30분 이상 숙성시킨다.
3. 달걀은 곱게 풀어 달걀물을 만들고 습식 빵가루와 건식 빵가루를 잘 섞어 준비한다.
   ↳ 빵가루는 건식과 습식을 섞어 사용하면 조금 더 바삭한 식감의 튀김을 만들 수 있다.
4. 2를 냉장고에서 꺼내 박력분→달걀물→빵가루 순서대로 묻혀 튀김옷을 입힌다.
5. 깊이감 있는 팬에 현미오일을 넉넉히 붓고 160~170도 정도로 달군다. 4를 넣어 3~5분 정도 노릇노릇하게 튀긴다.
   ↳ 고기의 두께나 치즈의 크기에 따라 튀기는 시간을 조절한다.
6. 그릇에 담아 파슬리 가루를 살짝 뿌린다. 취향의 베이비 채소를 곁들여 낸다.

트러플 치킨가스

Truffle Chicken Cutlet

프랑스 3대 진미 중 하나인 트러플! 독특한 맛과 향으로 요리를 한층 더 고급스럽게 만들어 주는데요. 비싼 트러플 대신 트러플 제스트만으로도 평범한 치킨가스가 특별한 요리로 변신할 수 있어요.

INGREDIENT__2인분

- 닭 다리 살(정육) 250g
- 박력분 30g
- 달걀 3개
- 습식·건식 빵가루 각각 50g
- 파슬리 가루 10g
- 취향의 다양한 버섯 100g
- 통마늘 1개
- 현미오일 .... 500mL 이상
- 수제 스리라차 트러플 소스
- 트러플 제스트
- 소금
- 후추

RECIPE

1. 닭 다리 살은 칼 뒷부분으로 살짝 두드려 편 다음 소금, 후추, 트러플 제스트로 밑간한다.
2. 달걀은 곱게 풀어 달걀물을 만들고 습식 빵가루, 건식 빵가루, 파슬리 가루는 모두 섞어 준비한다.
3. 1의 닭 다리 살에 박력분→달걀물→빵가루 순서로 튀김옷을 입힌다.
   ↳ 빵가루는 빈틈없이 골고루 살짝 도톰하게 바른다.
4. 팬에 닭 다리 살이 잠길 정도로 현미오일을 넉넉하게 붓고 빵가루를 조금 넣었을 때 바닥으로 가라앉았다 2초 안에 포르르 올라올 때까지 달군다.
5. 3의 닭 다리 살을 넣어 앞뒤로 뒤집어가며 노릇노릇하게 튀긴다. 키친타월을 깐 채반에 올려 기름이 빠질 때까지 둔다.
   ↳ 튀길 때 거름망으로 빵가루 부스러기 등을 틈틈이 걷어내면 더 깔끔하게 튀길 수 있다.
6. 그 사이에 에어프라이어로 취향의 다양한 버섯과 통마늘을 노릇노릇하게 굽는다. 스리라차 소스에 트러플 제스트, 마요네즈, 레몬즙을 취향대로 넣어 수제 스리라차 트러플 소스를 만든다.
   ↳ 기호에 따라 소스에 꿀을 조금 넣어도 맛있다.
7. 접시에 5의 닭 다리 살 튀김을 올리고 6의 버섯과 통마늘을 고명으로 올린다. 찍어 먹을 수 있게 수제 스리라차 소스도 소스볼에 담아 함께 낸다.

뿌팟퐁커리

Stir-Fried Crab Curry

예전에 태국에 갔을 때 먹어본 뿌팟퐁커리의 맛을 잊을 수 없어요. 매콤한 소스와 부드럽게 풀어진 달걀이 밥 한 공기 뚝딱하기에 충분했답니다. 조금은 이국적인 밥도둑을 찾으시나요? 뿌팟퐁커리가 딱입니다.

INGREDIENT__2~3인분

소프트 쉘 크랩(냉동)	4마리
전분	150g
현미오일	500mL 이상
물	170mL
양파	1/2개
베트남 건고추	4개
홍고추	1개
대파	1대
마늘	20g
다진 마늘	20g
코코넛 밀크	400mL
달걀	3개
레몬	1/2개
비정제 사탕수수 원당	10g
치킨스톡(파우더)	1/2TS
청양 고춧가루	1TS
강황(파우더)	40g
피쉬 소스	10g
고추기름	40g
고수	적당량
간장	1/2TS
맛술	1/2TS
올리브오일	
소금	
후추	

RECIPE

1. 소프트 쉘 크랩은 차가운 물에 담가 해동한 후 반으로 자르고 키친타월로 물기를 꼼꼼하게 제거한다.
2. 전분과 물을 섞고 잠시 두어 분리된 윗물은 버리고 바닥에 가라앉은 녹말만 남겨 튀김옷으로 사용한다. 마늘은 편 썰고 대파는 동그란 모양으로 편 썬다. 양파는 가늘게 채 썬다. 달걀 2개는 잘 풀어 달걀물을 만든다.
3. 볼에 달걀 1개와 코코넛 밀크, 비정제 사탕수수 원당, 치킨스톡, 청양 고춧가루, 강황, 다진 마늘, 피쉬 소스, 고추기름을 넣고 잘 섞어 소스를 만든다.

   ↳ 고추기름으로 매운맛을 조절한다.
4. 냄비에 현미오일을 붓고 약 170도 정도로 달군다.
5. 1의 소프트 쉘 크랩에 2의 녹말을 골고루 묻힌 뒤 4에 넣어 약 5분간 튀긴다. 키친타월을 깐 채반에 올려 기름이 빠질 때까지 식힌다.

6. 달군 팬에 올리브오일을 두르고 2의 대파→양파→편 썬 마늘→베트남 건고추 순으로 넣으며 볶는다. 양파가 투명해지기 시작하면 3의 소스를 붓는다. 후추, 간장, 맛술을 넣고 소스가 바닥에 눌어붙지 않게 잘 저으며 끓이다 2의 달걀물을 천천히 붓는다.

7. 달걀물이 반숙 정도로 부드럽게 익으면 불을 끄고 그릇에 담는다. 5의 소프트 쉘 크랩을 한쪽에 토핑하고 취향에 따라 고수를 적당히 넣는다.

8. 먹기 직전에 레몬을 잘라 즙을 뿌리면 풍미가 올라간다. 조금 더 부드럽게 먹고 싶다면 먹기 전에 코코넛 밀크를 좀 더 부어 골고루 섞는다.

   ↳ 밥을 곁들여 먹으면 더욱더 든든한 한 끼 식사가 된다.

모둠 튀김

Assorted Tempuras

기름에 튀기면 모든 게 다 맛있다던데… 탱글탱글 새우와 몸에 좋은 채소들을 한곳에 모아 튀긴다면 얼마나 맛있을까요? 신선한 재료들이 기름에 튀겨지는 소리만 들어도 벌써 마음이 두근거리네요.

INGREDIENT__2인분

왕새우(튀김용, 마리당 20g 내외)	3마리
연근(슬라이스)	3~4조각
깻잎	3장
단호박(슬라이스)	4조각
취향의 채소 (고구마, 감자 등)	적당량
현미오일	1L
박력분	100g
튀김가루	200g
물	200mL
얼음	1/2컵
유자폰즈 소스	
고추냉이	
소금	
후추	

RECIPE

1. 채소들은 물에 깨끗하게 씻어 키친타월로 물기를 꼼꼼하게 제거한다. 연근, 단호박 등은 얇게 슬라이스한다.
2. 새우는 대가리는 그대로 두고 껍질과 내장, 꼬리 쪽 물총만 제거한 후 소금, 후추로 밑간한다.
   ↳ 튀기면 새우 크기가 줄어드니 충분히 큰 새우를 준비한다.
3. 튀김가루와 물을 섞어 튀김용 반죽을 만들고, 튀김 재료를 담그기 직전에 얼음을 넣어 차갑게 만든다.
4. 1과 2의 튀김 재료에 체를 사용해 박력분을 곱게 뿌려 묻힌 다음 3의 튀김용 반죽을 골고루 바른다.
5. 냄비에 현미오일을 붓고 튀기기 좋은 온도까지 달군 후 4의 튀김 재료를 넣어 노릇노릇하게 튀겨낸다.
   ↳ 달군 현미오일에 튀김용 반죽을 떨어뜨렸을 때 바로 포르르 떠오르면 튀기기 적당한 온도로 달궈진 것이다.
6. 키친타월을 깐 채반에 올려 기름을 뺀 후 접시에 담아낸다. 유자폰즈 소스(p.245 참조)와 고추냉이를 섞어 만든 소스에 찍어 먹으면 맛있다.

평범한 하얀 소금이 그 맛을 내듯, 나는 어떤 사람일까?

심심하고 밍밍한 요리에 소금이 더해져

재료 본연의 깊은 맛을 끌어내듯

나도 사람들에게서 깊고 매력적인 풍미를 끌어내는

그런 사람이 되고 싶다.

Side Dish

CHAPTER 5

매시트포테이토

Mashed Potatoes

부드럽게 으깬 삶은 감자는 아이도 어른도 입맛을 돋게 하죠? 껍질까지 사용해 더 깊은 풍미가 느껴지는 매시트포테이토예요. 그냥 먹어도 맛있고 가니쉬나 다양한 요리에도 활용할 수 있어요.

INGREDIENT__3인분

감자 5개
무염 버터 80g
생크림 .... 100mL 내외
소금
후추

RECIPE

1. 감자는 깨끗이 씻어 껍질을 벗기고 작게 잘라 냄비에 넣는다. 이때 껍질은 버리지 말고 따로 모아둔다.
2. 감자가 잠길 만큼만 물을 붓고 소금을 넣어 20분간 삶은 후 건져낸다.
3. 버터를 작게 잘라 소스팬에 넣고 중간 불로 녹인다. 표면에 거품이 생기면 걷어내지 말고 숟가락으로 거품을 터뜨리면서 계속 저어가며 녹인다. 색이 점점 짙어져 갈색으로 변해 넘칠 듯 끓어오르면 불을 끈다. 체로 불순물을 걸러 브라운 버터를 만든다.
4. 다른 소스팬에 1의 감자 껍질을 넣는다. 껍질이 잠길 만큼만 생크림을 부어 끓인 후 체에 걸러 감자 껍질과 불순물을 제거한다.
   ↳ 감자의 풍미를 더욱 진하게 하기 위한 작업이다.
5. 2의 감자를 볼에 담고 매셔로 잘 으깬다. 으깬 후 체에 한 번 더 걸러 으깨 더욱더 부드럽게 만든다.
6. 3과 4를 5의 볼에 붓고 잘 섞는다. 이때 한 번에 다 붓지 말고 농도를 보고 저어가며 조금씩 붓는다.
7. 먹기 전에 후추를 뿌리고 함께 곁들일 음식과 함께 접시에 담는다.

트러플 웨지 감자

Truffle Potato Wedges

저는 감자를 좋아해서 다양한 요리로 만들어 먹는데요, 트러플 제스트를 활용하니 레스토랑에서 먹는 듯 더 고급스러운 향과 맛으로 탄생하였습니다. 오늘은 팝콘 대신 트러플 웨지 감자와 함께 영화 한 편 어때요?

INGREDIENT__2인분

감자	3개
올리브오일	50mL
트러플 제스트	1ts
허브 솔트	1TS
후추	1/2TS
깨	1TS
파슬리 가루	1ts

RECIPE

1. 감자는 깨끗하게 씻어 웨지 모양으로 껍질째 8~12등분으로 자른다.
2. 커다란 볼에 1의 감자와 파슬리 가루를 제외한 나머지 재료를 모두 넣고 주걱으로 섞은 후 1의 감자를 넣어 골고루 양념이 묻게 잘 섞는다.
   ↳ 설거지를 줄이고 싶다면 파슬리 가루를 제외한 모든 재료를 지퍼백에 넣어 꼼꼼하게 잠근 후 재료들이 고루 섞이도록 잘 흔든다.
3. 에어프라이어에서 150도에 20분간 굽는다. 감자를 뒤집은 뒤 다시 20분간 추가로 구워 골고루 익혀둔다.
   ↳ 오븐에서 굽는다면 150도로 미리 예열하여 같은 시간만큼 굽는다.
4. 접시에 담아 파슬리 가루를 살짝 뿌려낸다.

닭가슴살 카옌 페퍼 구이

Grilled Chicken Breast with Cayenne Pepper

다이어트 때문에 닭가슴살을 질리도록 드셨나요? 오늘 하루쯤은 매콤한 걸 먹고 싶을 때 은혜 레시피에서는 빠질 수 없는 향신료! 카옌 페퍼와 함께라면 입맛 돋우는 매콤한 닭가슴살구이가 뚝딱 완성됩니다.

INGREDIENT__1인분

닭가슴살(한 덩이씩 낱개로 포장된 시판용)	110g
구운 호두	10g
베이비 채소	30g
무염 버터	20g
카옌 페퍼	5g
소금	
후추	

RECIPE

1. 닭가슴살은 전자레인지에 1분간 돌린 후 깍뚝 썬다.
2. 달군 팬에 1의 닭가슴살과 버터, 카옌 페퍼를 동시에 넣고 닭가슴살에 양념이 골고루 묻히도록 팬에 돌려가며 노릇노릇하게 굽는다.
   ↳ 버터를 먼저 넣고 볶다 나중에 카옌 페퍼를 넣어 향을 더욱 진하게 살릴 수도 있다.
3. 접시에 담아 구운 호두(p.235 참조)와 취향의 베이비 채소를 토핑으로 곁들인다.
   ↳ 가지, 그린빈, 아스파라거스, 미니 양배추 등을 구워 곁들여도 잘 어울린다.

가장 최고의 요리 재료는 '사랑'
음식이 주는 위로와 힘은
거기 담긴 사랑으로부터 시작되는 것 같아요.
뛰어난 솜씨가 아니어도 마음이 담겨 있다면
그것만으로도 어디서도 맛볼 수 없는 훌륭한 요리로 완성!

Dessert

CHAPTER 6

레몬 컵케이크

Lemon Cupcake

레몬의 상큼함이 가득한 컵케이크예요! 특별한 날 만들어 선물해보세요. 새콤달콤 예쁜 컵케이크와 감사의 마음이 함께 전해진다면 받는 분에게 정말 기분 좋은 선물이 될 거예요.

INGREDIENT

___작은 크기 머핀틀 6개

박력분	100g
버터	65g
설탕	190g
달걀	4개(3개는 흰자만 사용)
베이킹파우더	4g
소금	1g
우유	65g
레몬즙	5g
레몬 제스트	5g
슈가 파우더	90g

RECIPE

1. 깨끗하게 씻은 레몬은 껍질을 갈아 레몬 제스트를 충분히 만든 후 레몬을 반으로 잘라 스퀴저를 사용해 충분히 즙을 낸다.
   ↳ 레몬 세척 방법은 p.41 참조한다.
   ↳ 레몬 껍질의 흰색 부분은 맛이 쓰니 노란색 부분만 사용한다.
2. 실온에 충분히 두어 말랑해진 버터를 큰 볼에 담아 휘퍼로 잘 풀어준다. 설탕 100g을 넣어 크림 형태가 될 때까지 풀다 달걀 1개를 넣고 잘 섞는다.
3. 박력분, 베이킹파우더, 소금을 체에 걸러 2의 볼에 넣고 휘퍼로 부드럽게 섞다 1의 레몬 제스트를 소량만 남기고 전부 넣어 잘 섞는다.
4. 3의 반죽을 짤주머니에 넣고 머핀 틀에 넣은 유산지 컵 안에 80% 정도만 채운 후 머핀 틀을 살짝 들어 바닥에 서너 번 탕탕 두드려 기포를 빼고 반죽 높이를 고르게 만든다.
5. 170도로 예열한 오븐에 넣어 약 20분 정도 굽는다.
6. 슈가 파우더에 1의 레몬즙을 섞어 끈적한 점도가 되도록 잘 섞어 레몬 글레이즈를 만든다.

7. 다른 볼에 3개 분량의 달걀흰자를 넣고 설탕 90g을 3~4번 나누어 넣으며 전동 휘핑기로 머랭을 친 후 짤주머니에 넣는다.

8. 브라운 컬러로 잘 구워진 5의 컵케이크 위에 6의 레몬 글레이즈를 뿌리고 7의 머랭을 풍성하게 짜서 올린다. 토치를 사용해 머랭 표면을 살짝 굽는다.

9. 접시에 8의 머핀을 담고 3에서 남긴 레몬 제스트를 얹어 장식한다.

   ↳ 레몬을 작게 잘라 장식해도 좋다.

블루베리 머핀

Blueberry Muffin

톡톡 터지는 블루베리가 머핀 안에 가득! 그 위에 얹어진 고소한 크럼블까지 포크로 크게 떠 휘핑한 생크림에 살짝 찍어 입속으로~! 으아~~ 당장 먹고 싶어요!

INGREDIENT

__중간 크기 머핀틀 8개

냉동 블루베리	170g
무염 버터	115g
식물성 오일	25g
동물성 생크림(동물성 유지방 38% 이상)	75g
플레인 요거트	25g
달걀	110g
유기농 설탕	210g
박력분	260g
베이킹파우더	8g
소금	2g

RECIPE

1. 실온에 1시간 이상 둔 버터 30g을 볼에 넣고 부드럽게 주걱으로 풀어준다. 설탕 60g을 넣어 골고루 섞는다. 박력분 40g을 체에 내려 멍울지지 않게 섞어 크럼블 반죽을 만든다. 마르지 않게 비닐봉지에 담아 둔다.
2. 다른 볼에 남은 무염 버터와 식물성 오일을 넣고 전동 휘핑기를 저속으로 켜 가볍게 풀어준다. 생크림, 플레인 요거트를 넣고 다시 골고루 섞는다.
3. 다른 볼에 달걀을 넣고 전동 휘핑기를 저속으로 켜 잘 풀어주다 남은 설탕을 넣고 속도를 중속으로 올려 고루 섞는다.
4. 3에 2를 넣고 휘핑기로 고루 섞는다. 박력분, 베이킹파우더, 소금을 체로 쳐서 넣고 고무 주걱으로 날을 세워 자르듯 반죽을 섞는다.
5. 4의 반죽에 냉동 블루베리를 넣고 고무 주걱으로 거품이 죽지 않게 살살 섞는다.
   ↳ 냉동 블루베리를 넣어야 반죽이 차갑고 단단해져 예쁜 모양으로 구울 수 있다.

6. 오븐용 머핀틀에 유산지 컵을 깔고 스쿱으로 5의 반죽을 약 80% 정도만 채운 후 머핀틀을 살짝 들어 바닥에 2~3번 탕탕 내리쳐 공기를 뺀다. 냉동 블루베리를 위에 얹고 살짝 누른 뒤 1의 크럼블을 두껍게 올려 역시 손으로 꾹 눌러 모양을 잡는다.

   ↳ 취향에 따라 블루베리와 크럼블은 한 번 더 올려도 좋다.

7. 180도로 예열한 오븐에 넣어 25~30분 정도 굽는다.

   ↳ 에어프라이어를 사용할 경우 170도에서 30분 정도 굽는다.

8. 나무 꼬치로 머핀 가운데를 찔러 반죽이 묻어나오지 않으면 잘 구워진 것이니 접시에 담아 낸다.

   ↳ 취향에 따라 생크림 등을 올려 먹어도 좋다.

Grace + delicious = Gracious

A Gracious Plate

은혜로운 한 끼

애플 크럼블

Apple Crumble

냉장고에 사과가 있다면 오늘, 특별한 디저트에 도전해볼까요? 사과의 향긋한 향과 시나몬 내음이 온 집안을 가득 히 채워준답니다. 갓 구운 애플 크럼블에 차가운 바닐라 아이스크림을 얹어 드세요! 아이스크림이 사르르 녹아 더 맛있는 디저트가 됩니다.

INGREDIENT__3~4인분

사과	10알
유기농 흑설탕	95g
시나몬 파우더	8g
레몬즙	15mL
박력분	150g
아몬드 가루	50g
베이킹파우더	2g
소금	2g
무염 버터	100g
동물성 생크림(유지방 38% 이상)	100mL

RECIPE

1. 사과는 깨끗하게 씻어 껍질을 벗기고 슬라이스해 깍뚝 썬다. 달군 팬에 넣고 볶다 수분이 나오기 시작하면 흑설탕 35g, 시나몬 파우더, 레몬즙을 넣고 푹 졸인 후 식힌다. 생크림은 묽게 휘핑한다.
2. 볼에 박력분, 아몬드 가루, 베이킹파우더, 소금, 설탕을 체에 넣어 곱게 걸러 내린다. 상온에 1시간 이상 둔 버터를 넣고 스크레이퍼로 버터를 부수듯 잘게 섞는다.
   → 푸드 프로세서가 있다면 2에서 사용한 모든 재료를 한꺼번에 넣어 돌린다.
3. 사각오븐팬 위에 종이 포일을 깔고 2의 반죽을 부어 팬 바닥을 약 60% 정도 채운다. 사각오븐팬을 살짝 들어 바닥에 2~3번 탕탕 내리쳐 공기를 빼고 반죽 표면을 평평하게 만든다.
4. 3의 반죽 위에 1의 졸인 사과를 올리고 다시 2의 남은 반죽을 붓는다.
5. 180도로 예열한 오븐에 30분 정도 굽는다. 나무 꼬치로 가운데를 찔러 보았을 때 반죽이 묻어나지 않을 만큼 굽는다.
6. 접시에 담아 크럼블 위에 묽게 휘핑한 생크림을 얹는다.

리얼 쫀득 브라우니

Real Chewy Brownie

브라우니라면 자고로 쫀득하고 꾸덕꾸덕해야 제맛이죠. 커피 한 잔과 어울리는 리얼 쫀득 브라우니는 리얼 초콜릿이 들어가 더 진하고 맛있는 최고의 브라우니랍니다.

INGREDIENT

__ 미니 오픈팬 1개

재료	분량
다크초콜릿	140g
무염 버터	60g
소금	1/2ts
달걀	2개
황설탕	120g
중력분	50g
코코아 파우더	20g
카카오닙스(혹은 초콜릿칩)	50g

RECIPE

1. 볼에 다크초콜릿, 버터, 소금을 넣고 중탕으로 녹인다. 초콜릿과 버터가 분리되지 않도록 살살 저어준다.
2. 중탕하는 다른 볼에는 달걀과 황설탕을 넣고 설탕이 달걀물에 모두 녹아 달걀물이 걸쭉해질 때까지 전동 휘핑기를 고속으로 설정해 잘 섞는다.
3. 달걀물이 뽀얀 아이보리 색이 되면 전동 휘핑기를 저속으로 설정해 표면의 기포를 매끈하게 정리하며 섞기를 마무리한다.
4. 3의 볼에 1의 초콜릿을 붓고 전동 휘핑기를 저속으로 설정해 달걀물과 초콜릿을 잘 섞는다.
5. 4의 볼에 중력분, 코코아 파우더를 체에 걸러 내리고 카카오닙스를 넣어 반죽의 기포가 가라앉지 않도록 주걱을 세워 고르게 섞는다.
6. 사각오븐팬에 종이 포일을 깔고 5의 반죽을 붓는다. 오븐팬을 살짝 들어 바닥에 3~4번 탕탕 내리쳐 반죽 표면을 평평하게 만들며 기포를 뺀다.
7. 170도로 예열한 오븐에 20분간 굽는다.
8. 나무 꼬치로 가운데를 찔렀을 때 반죽이 묻어나오지 않을 만큼 브라우니가 잘 구워졌다면 완전히 식힌 후 틀에서 분리한다.
9. 가장자리 부분은 잘라내고 접시에 담는다. 취향에 따라 바닐라 아이스크림을 곁들여도 좋다.
   ↳ 음료를 함께 마신다면 진한 커피가 잘 어울린다.

조청 러스크

Grain Syrup Rusk

저는 어렸을 때부터 러스크를 너무 좋아했어요. 꿀과 버터가 조금 덜 발라진 부분을 고르면 어찌나 아쉽던지… 그래서 조청을 활용해 보았어요. 식빵에 고루 잘 발려 더욱더 쫀득하고 바싹한 러스크가 된답니다.

INGREDIENT__2인분

3cm 두께의 식빵	2장
무염 버터	2TS
조청	2TS
유기농 흑설탕	2TS

RECIPE

1. 실온에 30분 이상 둔 버터와 흑설탕, 조청을 볼에 넣어 잘 섞는다.
2. 식빵의 한쪽 면에 1을 얇게 발라준다.
3. 조청을 바른 부분을 달군 팬의 바닥과 마주 보게 놓고 구울 동안 남은 면에 1을 얇게 바른 후 앞뒤로 튀기듯 굽는다.

   ↳ 에어프라이어를 사용할 경우 식빵을 먼저 자른 다음 양면 모두 1을 발라 170~180도에서 20분 정도 굽고, 뒤집어 15분 정도 더 굽는다.

4. 노릇노릇하게 잘 구운 식빵을 채반에 올려 식힌 후 폭 2cm 내외로 자른다.

   ↳ 곁들일 음료로는 에스프레소 혹은 진한 아메리카노가 잘 어울린다.

티라미수

Tiramisu

주변 지인 생일 때 선물로 자주 만들게 되는 케이크에요. 복잡한 과정 없이 금방 만들 수 있고, 만들어 바로 냉장고에만 넣어두면 근사하고 실패 없는 티라미수 케이크를 만들 수 있어요.

INGREDIENT__2인분

동물성 생크림(유지방 38% 이상)	100g
핑거 쿠키	20개
달걀노른자	2개
에스프레소 (혹은 인스턴트 커피 가루 6g과 물 120mL를 섞은 커피)	60g
마스카르포네 치즈	100~120g
물	30mL
유기농 설탕	65g
코코아 파우더	

RECIPE

1. 넓은 볼에 에스프레소와 설탕 15g을 넣어 잘 섞은 후 식힌다.
2. 깊이감 있는 작은 볼에 생크림을 넣고 전동 휘핑기를 고속으로 올려 휘핑하다 설탕 10g을 넣고 더욱더 단단하게 휘핑한다.
   ↳ 생크림을 들어 올렸을 때 뿔 모양으로 딸려 올라올 만큼 휘핑한다.
3. 다른 볼에 달걀노른자를 넣고 밝은색이 될 때까지 휘핑기로 휘핑한다.
4. 소스팬에 설탕 40g과 물을 넣고 중간 불에 올려 끓인다. 거품이 전체적으로 보글보글하게 오르면 불을 끄고 팬을 바닥에 내려 충분히 식힌다.
   ↳ 이때 절대 저으면 안 된다.
5. 3의 노른자에 4의 시럽을 조금씩 넣어주며 되직한 커스터드 크림 형태가 될 때까지 휘핑기로 잘 섞는다.
   ↳ 4의 시럽을 충분히 식히지 않으면 달걀노른자가 익어버리니 주의한다.
6. 5에 마스카르포네 치즈를 넣고 휘핑기로 조심스럽게 저어 풀어준다. 2의 생크림을 넣고 잘 섞는다. 아주 살짝 되직한 농도로 만든 후 짤주머니에 담는다.

7. 1의 에스프레소에 핑거 쿠키를 적셔 티라미수를 만들 그릇 바닥에 촘촘하게 깐다. 그 위에 6의 크림을 틈 없이 짜서 올린다. 이 과정을 한 번 더 반복한다.

8. 짤주머니에 남은 크림은 모양을 만들며 티라미수 표면을 꾸며준 후 냉장고에 3시간 이상 넣어 굳힌다.

9. 먹기 전에 코코아 파우더를 체로 쳐서 곱게 뿌려낸다.

햇볕 내리쬐는 카페에서 여유로운 브런치 타임이 그리운 요즘,
그렇다면 오늘은 우리 집을 카페로 만들어 볼까?
브런치를 먹기 위해서라도!

The Grace Home Cafe

CHAPTER 7

그레이스 토스트

Grace Toast

맛있는 버터 식빵과 딸기잼, 달걀프라이만으로 뚝딱 만들어 먹는 메뉴예요. 정말 특별할 것 없지만 제가 한번 해준 뒤로 주위 사람들이 계속 해달라고 조르는 스테디셀러 메뉴가 되었어요. 드시기 직전에 노른자를 터트려 함께 드셔 보세요. 평범했던 토스트가 입안에서 특별해집니다.

INGREDIENT__1인분

버터 식빵	1조각
딸기잼	30g
달걀	1개
올리브오일	
소금	
후추	

RECIPE

1. 달군 팬에 버터 식빵을 노릇노릇하게 앞뒤로 굽는다.
   - ↳ 일반 식빵을 사용하면 팬에 버터를 넣어 굽는다.
   - ↳ 식빵의 두께는 일반 식빵 두께부터 2cm 내외 두께의 식빵이면 좋다.
2. 1의 한쪽 면에 딸기잼을 듬뿍 바른다.
   - ↳ 덩어리가 있는 잼을 바르는 게 더 좋다.
3. 1의 팬을 키친타월로 닦고 다시 달군다. 올리브오일을 살짝 둘러 달걀프라이를 반숙으로 굽는다. 소금, 후추로 간을 맞춘다.
   - ↳ 만약 일반 식빵을 사용했다면 팬에 남아 있는 버터로 달걀프라이를 구워도 좋다.
4. 접시에 2의 식빵을 담고 3의 달걀프라이를 올린다.
   - ↳ 취향에 따라 리코타 치즈를 얹어 먹어도 맛있다.

리코타 오픈 토스트

Ricotta Cheese Open Sandwich

요리책 메뉴들을 촬영하던 날, 스태프 친구가 배고파하던 저에게 남은 재료들로 만들어준 토스트입니다. 센스 있는 친구의 솜씨와 따뜻한 마음 덕분인지 한입 넣자마자 배고픔과 모든 피로가 말끔히 날아갔답니다. 리코타 치즈와 꿀의 달콤하고 고소한 맛에 크러쉬드 레드 페퍼와 후추의 매콤한 맛의 조화는 정말 매력적이에요.

INGREDIENT__2인분

올리브 치아바타	1개
리코타 치즈	200g
꿀	3~4TS
크러쉬드 레드 페퍼	5g
올리브오일	
후추	

RECIPE

1. 올리브 치아바타는 세로로 길게 한입 크기(폭 3cm 내외)로 잘라 올리브오일을 살짝 뿌린다.
2. 에어프라이어에서 150도에 5~7분간 노릇노릇하게 구워 접시에 담는다.
3. 2의 빵 위에 두껍게 리코타 치즈를 올린다. 그 위에 취향껏 꿀과 크러쉬드 레드 페퍼, 후추를 뿌린다.

사과 브리 치즈 토스트

Apple Bree Cheese Toast

아삭한 사과와 브리 치즈의 조합은 정말 환상입니다. 상큼하고 짭조름한 맛이 어찌 그리 사랑스러운지요. 특히 슬라이스한 사과는 완전 제 취향이에요. 저는 요리하기 전에 Youtube를 통해 검색도 해보고, 머릿속으로도 상상해서 재료들을 이것저것 바꿔가며 저만의 레시피로 도전해보는 스타일인데요. 이 메뉴는 많은 레시피가 있지만 maji 님의 완성 컷(https://youtu.be/4Uy_KMydIlg)이 너무 예뻐 한 번 도전해봤어요.

INGREDIENT __2인분

사과	1개
브리 치즈	120g
호밀빵(혹은 캄파뉴)	4조각
베이비 채소	30g
구운 호두	15g
꿀	1TS
메이플 시럽	1TS

RECIPE

1. 호밀빵은 토스터에 노릇노릇하게 굽는다.
2. 사과는 껍질째 깨끗하게 씻어(p.41 '과일 씻는 방법' 참조) 1/4등분 후 씨를 제거하고 얇게 슬라이스한다.
3. 1의 빵 위에 브리 치즈를 슬라이스해 빈틈없이 올리고 그 위에 2의 사과를 얹는다.
4. 취향의 베이비 채소를 올리고 구운 호두(p.235 참조)를 얹는다.
5. 접시에 담아 꿀과 메이플 시럽을 섞은 소스를 뿌린다.
   ↳ 꿀 혹은 메이플 시럽 1개만 써도 좋다. 다만 메이플 시럽은 점도가 묽은 편이니 사용에 주의한다.

콰트로 치즈 토스트

Quattro Cheese Toast

영화 〈아메리칸 셰프〉에 나온 그릴드 치즈 토스트, 혹시 기억하시나요? 치즈 러버인 저와 하우스 메이트들은 기존 레시피에 치즈를 더해 4종류의 치즈가 들어간 콰트로 치즈 토스트를 만들어 먹어요. 빵 사이로 녹아내리는 치즈들은 보기만 해도 행복해진답니다. 오늘 저녁은 이걸로 해야겠어요!

INGREDIENT __2인분

모차렐라 치즈	50g
체더 치즈	50g
에멘탈 치즈	50g
카망베르 치즈	50g
브리오슈 식빵(두께 최소 4cm)	2장
딸기잼	30g
무염 버터	20g
메이플 시럽	2TS
구운 호두	10g

RECIPE

1. 달군 그릴 팬에 무염 버터를 올려 두툼한 브리오슈 식빵 2장을 노릇노릇하게 굽는다.
2. 1의 구운 식빵 한쪽 면 위에 딸기잼을 바르고 체더 치즈와 에멘탈 치즈를 올린다. 다른 식빵의 한쪽 면 위에는 모차렐라 치즈와 카망베르 치즈를 올린다.
   ↳ 레시피에 나온 치즈로 꼭 준비하지 않아도 좋지만, 되도록 다른 맛이 나는 4종류의 치즈를 준비한다.
3. 2의 식빵을 각각 치즈를 올린 면이 팬에 닿도록 엎어 치즈가 녹도록 굽는다.
4. 치즈가 어느 정도 녹으면 치즈가 있는 면끼리 마주 보도록 겹친 후 그릴 모양이 나오도록 꾹꾹 눌러가며 굽는다.
   ↳ 모든 치즈가 다 녹는 게 더 중요한 레시피이니, 그릴 팬이 없다면 보통 두께의 일반 식빵을 사용하는 편이 좋다.
5. 접시에 담아 메이플 시럽을 뿌리고 구운 호두(p.235 참조)를 올려 토핑한다.
   ↳ 취향의 견과류를 토핑해도 좋다.

브렉퍼스트

Breakfast

16살에 데뷔해 활동하며 여러 나라를 다녔는데요. 많은 스케줄에 아무리 피곤해도 저와 스태프들은 꼭 일어나 조식을 챙겨 먹는 게 소소한 즐거움이었어요. 오랜만에 느지막이 일어난 토요일, 냉장고에 있는 재료들을 꺼내 푸짐한 한 접시를 만들어 여행 온 듯한 분위기를 연출해 볼까요?

INGREDIENT__2인분

모차렐라 치즈	70g
베이비 채소	50g
베이컨 1장	1장
메이플 시럽	1TS
화이트 소시지	2개
달걀	4개
우유	90mL
무염 버터	10g
감자	1/2개
사워 도우	1~2조각
파르미지아노 레지아노 치즈	20g
머스터드 소스	1TS
케첩	2TS
올리브오일	
소금	
후추	

RECIPE

1. 볼에 달걀과 우유를 넣어 잘 섞는다. 체에 걸러 멍울이 없게 풀어준 후 소금, 후추로 간을 맞춘다.
2. 달군 팬에 버터와 1의 달걀물을 넣고 약 3~5분 정도 스크램블드에그를 하듯 섞다 가운데에 모차렐라 치즈를 얹는다. 달걀물의 겉면이 익어 단단해지면 반으로 접어 오믈렛 형태로 만든다.
   ↳ 이때 체더 치즈, 잘게 다진 토마토와 버섯을 넣으면 맛이 좀 더 풍부해진다.
3. 달군 와플팬에 올리브오일을 뿌리고 가늘게 편 썬 감자를 올려 굽는다.
4. 다른 달군 팬에 뜨거운 물에 살짝 데친 화이트 소시지도 구워 준비한다. 키친타월로 팬을 닦아낸 후 다시 달궈 메이플 시럽을 붓고 베이컨을 넣어 바싹하게 굽는다.
5. 접시에 2의 오믈렛, 3의 감자, 4의 소시지와 베이컨을 담는다. 베이비 채소를 토핑하고 사워 도우를 얹는다. 오믈렛 위에 파르미지아노 레지아노 치즈를 갈아 뿌린다.

몬테 크리스토

Monte Cristo

연예인이 되고 패밀리 레스토랑에서 처음 먹어본 몬테크리스토가 저에게는 충격이었어요. 16년간 먹어본 적 없었던 맛들이 어린 저를 설레게 했습니다. 이제는 사라져버린 추억의 메뉴가 되었지만… 괜찮아요. 이제는 직접 만들어 먹으면 되니까요. 치즈를 다양하게 넣어 추억 속으로 빠져볼까요?

INGREDIENT__2인분

- 식빵(1.5~2cm 두께) 2장
- 샌드위치용 슬라이스 햄 1장
- 짜지 않은 슬라이스 치즈 1장
- 생모차렐라 치즈 30g
- 크림 치즈('끼리' 추천) 30g
- 라즈베리 잼(혹은 블루베리 잼) 50g
- 달걀 2개
- 건식 빵가루 20g
- 습식 빵가루 30g
- 현미오일 200mL 이상

RECIPE

1. 식빵의 한쪽 면에 라즈베리 잼을 넉넉히 바르고 그 위에 슬라이스 치즈→슬라이스 햄→생모차렐라 치즈→크림 치즈 순서로 올린 후 다른 식빵으로 덮는다.
   ↳ 모차렐라 치즈는 통모차렐라 치즈를 얇게 슬라이스하여 겹겹이 얹으면 더 맛있다.
   ↳ 잼은 취향대로 바르면 되는데, 이왕이면 덩어리와 찰기가 있는 잼을 추천한다.
2. 달걀은 풀어 체에 한 번 걸러 멍울 없이 부드럽게 푼 달걀물을 만든다. 건식 빵가루와 습식 빵가루는 섞어 준비한다.
3. 1의 식빵 모든 면에 달걀물→빵가루 순서로 튀김옷을 골고루 입힌다.
   ↳ 빵가루는 틈 없이 도톰하게 발라야 예쁘게 튀길 수 있다.
4. 깊이감 있는 팬에 현미오일을 넉넉하게 붓고 달군 후 3의 식빵을 넣어 튀기듯 고루 익힌다.
   ↳ 빵가루를 떨어뜨렸을 때 2초 안에 바로 포르르 올라오면 튀기기에 적정한 온도이다.
   ↳ 에어프라이어에 구울 경우 스프레이형 튀김오일을 빵 사방에 고루 뿌리고 160도 온도에서 10분, 뒤집어 5분 정도 더 굽는다.
5. 키친타월을 깐 채반에 올려 기름을 뺀 후 4등분으로 잘라 접시에 담는다.

닭가슴살 치아바타 버섯 샌드위치

Chicken Breast Chiabatta Mushroom Sandwich

다이어트를 위해 잔뜩 사놓은 닭가슴살이 질려갈 때… 오늘은 치팅데이로(Cheating Day)! 만드는 방법은 간단하지만 맛은 정말 확실히 보장합니다. 오늘 맛있고 기분 좋은 한 끼 드시고 다이어트는 내일부터 다시!

INGREDIENT__2인분

닭가슴살	110g
가지	1개
표고버섯	30g
느타리버섯	30g
양송이버섯	30g
만가닥버섯	30g
치아바타	1개
슈레드 치즈	70g
카옌 페퍼	2꼬집
발사믹 소스	1ts
마요네즈	1TS
디종 머스터드 소스	1TS
홀그레인 머스터드 소스	2TS
물	1/2컵
올리브오일	
소금	
후추	

RECIPE

1. 가지는 세로로 길게 슬라이스한다. 달군 팬에 올리브오일을 살짝 두른 뒤 키친타월로 닦아 코팅한다. 슬라이스한 가지를 올려 소금, 후추를 뿌려 구운 후 접시에 옮겨 담는다.
2. 1의 팬을 다시 달궈 손질한 버섯들을 올려 굽는다. 소금, 후추, 카옌 페퍼로 간을 맞추고 발사믹 소스를 조금 넣어 풍미를 살려 노릇노릇하게 볶은 후 접시에 옮겨 담는다.
3. 닭가슴살을 세로로 길게 반으로 자른다. 2의 팬을 다시 달궈 약한 불에서 앞뒤 모두 구운 후 물을 부어 속까지 익힌다.
4. 치아바타는 세로로 길게 잘라 한쪽 면에 홀그레인 머스터드 소스를 바른다. 그 위에 1의 가지→3의 구운 닭가슴살→2의 버섯→슈레드 치즈 순서로 올린다.
   - ↳ 구운 닭가슴살은 시판용을 사용할 경우, 올리기 전에 따끈하게 데워 슬라이스한다.
   - ↳ 구운 버섯의 열기가 식기 전에 빨리 슈레드 치즈를 올려 버섯의 열기로 치즈를 녹인다.
5. 다른 한쪽 면에 디종 머스터드 소스와 마요네즈를 바른 치아바타를 덮어 접시에 담아낸다.

매콤 새우 아보카도 오픈 샌드위치

Spicy Shrimp Avocado Open Sandwich

여유롭게 카페에 앉아 에스프레소 한 잔과 브런치를 먹고 싶은 날이 있지요? 그런 분들을 위해 간단하지만 멋진 홈 브런치 메뉴를 소개합니다. 눈도 입도 기분도 만족하는 요리가 될 거예요.

INGREDIENT__2인분

호밀빵	2조각
새우	8마리
아보카도	2개
베이비 채소	50g
카옌 페퍼	1ts
무염 버터	20g
스리라차 마요네즈 소스	2TS
크러쉬드 레드 페퍼	2g
올리브오일	
소금	
후추	

RECIPE

1. 달군 팬에 버터 10g을 두르고 호밀빵을 굽는다.
2. 새우는 올리브오일, 카옌 페퍼, 약간의 소금으로 밑간한다.
3. 1의 팬을 다시 달궈 2의 새우를 굽다 남은 버터를 넣어 마저 굽는다.
4. 아보카도는 껍질을 벗기고 반으로 잘라 씨를 제거한 후 얇게 슬라이스한다.
   ↳ 아보카도는 칼을 세워 칼끝으로 자르면 얇고 예쁘게 슬라이스할 수 있다.
5. 1의 빵 위에 스리라차 마요네즈 소스를 바르고 베이비 채소→4의 아보카도→3의 새우 순서로 올린다.
   ↳ 매운맛이 싫다면 일반 마요네즈를 바른다.
6. 접시에 담고 크러쉬드 레드 페퍼와 후추를 뿌려 마무리한다.

소고기 버섯 치즈 미니 햄버거

Beef Mushroom Cheese Mini Hamburger

바싹하게 튀겨진 두툼한 소고기 패티를 한입 베어 무는 순간 주-욱 흐르는 치즈와 버섯 향은 정말… 으아! 더 설명하지 않아도 환상적이겠지요?

INGREDIENT__2인분

소고기(립 아이)	300g
양송이버섯	70g
새송이버섯	70g
통모차렐라 치즈	120g
스위스 치즈(슬라이스)	2장
완숙 토마토(슬라이스)	1/2개
달걀	2개
습식·건식 빵가루	각각 50g
현미오일	400mL 이상
로메인	3~4장
양파	1/2개
할라페뇨	6조각
버거 번	2개
마요네즈	2TS
타르타르 소스	4TS
무염 버터	15g
소금	
후추	

RECIPE

1. 마블링 좋은 립 아이 소고기는 잘 다져 소금, 후추로 밑간한다. 양송이버섯, 새송이버섯도 잘게 다진다. 다짐육을 써도 되지만, 씹는 식감을 위해 직접 다져 쓰는 것을 추천한다.
2. 1의 재료 모두 볼에 담아 적당히 치대 섞으며 고기 반죽을 만든다.
   ↳ 너무 오래 치대면 고기가 질겨지니 주의한다.
3. 통모차렐라 치즈는 사방 2cm 크기로 잘라 준비한다.
4. 2의 반죽을 손의 절반 크기 정도로 덜어 둥글게 뭉친 뒤 가운데를 눌러 움푹 패이게 만든다. 그 위에 3의 통모차렐라 치즈를 넣어 고기 반죽으로 꼼꼼하게 감싸 햄버거 패티처럼 두께감 있는 둥글 납작한 모양을 만든다.
   ↳ 좋은 식감을 위해 너무 세게 뭉치지 말고 가볍게 살짝만 모아가며 모양을 잡는다.
5. 달걀물→빵가루 순으로 튀김옷을 입혀 180도로 달군 현미오일에 노릇노릇하게 튀긴다.
   ↳ 에어프라이어를 사용할 경우 튀김옷에 기름을 골고루 바르고 200도 온도에서 10분, 뒤집어서 5분 정도 굽는다.
6. 양파는 반으로 잘라 적당한 두께로 슬라이스한다. 달군 팬에 버터 10g을 두르고 갈색빛이 돌 때까지 잘 볶은 후 그릇에 옮겨 담아둔다.
7. 6의 팬을 그대로 다시 달궈 남은 버터를 두르고 버거 번 안쪽을 잘 굽는다.
8. 7의 버거 번 안쪽에 마요네즈를 살짝 바른다. 로메인→할라페뇨→고기 패티→스위스 치즈→구운 양파→슬라이스한 토마토→타르타르 소스→버거 번 순서로 얹은 후 그릇에 담는다.

잠봉 뵈르

Jambon Beurre

"은혜야 바게트에 얇은 햄, 그거 만들어주면 안 돼? 유럽에서 많이 파는 거"라고 말하는 언니의 설명에 따라 만들어 봤는데, 잠봉 뵈르였어요. 유럽에서 먹었던 잠봉 뵈르보다 더 맛나다고 하네요. 설마, 착한 언니의 선한 거짓말은 아니겠죠?

INGREDIENT __1인분

부드러운 바게트(약 15cm 길이)	1개
잠봉	150g
무염 버터	40g
마요네즈	3TS
후추	1/2ts

RECIPE

1. 부드러운 바게트는 세로로 길게 반으로 자른다.
2. 한쪽 면의 속을 살짝 파내고 마요네즈를 코팅하듯 조금 바른다. 다른 쪽 면에는 버터를 바른다.
   → 잠봉이 기본적으로 짭짤한 편이긴 하지만, 조금 더 간간하게 먹고 싶다면 가염 버터를 바른다.
3. 잠봉을 손으로 뜯어 2의 마요네즈를 바른 바게트 위에 올린다.
4. 그 위에 후추를 조금 뿌린다.
5. 바게트의 안쪽 면끼리 맞닿게 겹친 후 접시에 담아낸다.

200g

고르곤졸라 토르티야 피자

Gorgonzola Tortilla Pizza

토르티야로 만든 피자 많이 보셨죠? 오늘은 고르곤졸라 치즈와 블루베리 잼을 더해보세요. 인생 피자가 될 거예요. 무화과 철이라면 무화과를 더해도 매력적이랍니다.

INGREDIENT__2~3인분

토르티야(10인치)	1장
모차렐라 치즈	100g
슈레드 치즈	70g
고르곤졸라 치즈	20g
베이비 채소	20g
베이비 루꼴라	20g
구운 호두	15g
블루베리 잼	50g
꿀	3TS
마요네즈	2TS

RECIPE

1. 달군 팬에 토르티야를 앞뒤로 살짝만 굽는다.
2. 토르티야 위에 마요네즈를 코팅하듯 살짝만 바른다.
3. 모차렐라 치즈, 슈레드 치즈, 고르곤졸라 치즈를 취향껏 골고루 뿌린다.
   ↳ 고르곤졸라 치즈는 호불호가 강한 치즈이니 너무 많이 올리지 않도록 한다.
4. 블루베리 잼을 스푼으로 군데군데 떨어뜨리듯 올린다.
   ↳ 무화과 등 과일을 토핑으로 올린다면 올리는 잼의 양을 조금 줄인다.
5. 180도로 예열한 오븐에 넣어 10분 정도 굽는다. 접시에 담은 후 먹기 좋은 크기로 자른다.
   ↳ 에어프라이어에 넣을 경우 180도에서 10~15분간 굽는다.
6. 자른 조각 위에 손질한 베이비 채소, 베이비 루꼴라, 잘게 조각낸 구운 호두(p.235 참조)를 토핑한다.
7. 먹기 직전에 꿀을 살짝 두른다.
   ↳ 꿀은 따로 담아내어 찍어 먹어도 좋다.

에그 토르티야 타코

Egg Tortilla Taco

스크램블드에그와 채소들을 토르티야에 가득 담아 반으로 접어보세요. 당신이 아무리 엄청난 곰손일지라도 완벽한 타코 요리가 완성될 거예요.

INGREDIENT__2~3인분

토르티야(6~8인치) 1장
달걀 4개
무염 버터 20g
슈레드 모차렐라 치즈 70~100g
베이컨 2장
명란 마요네즈 소스(혹은 마요네즈 or 스리라차 마요네즈 소스) 1~2TS
베이비 채소 30g
소금
후추

RECIPE

1. 달걀은 잘 풀고 체로 한 번 더 걸러 멍울 없이 풀어준 후 소금, 후추로 간을 맞춘다.
   ↳ 조금 더 부드러운 식감의 스크램블드에그를 원한다면 우유를 넣어 섞는다.
2. 달군 팬에 버터와 1의 달걀물을 붓고 70% 정도만 익히다 슈레드 모차렐라 치즈를 넣어 90% 정도 더 익힌 후 불을 끄고 그릇에 따로 담아둔다.
3. 키친타월로 팬을 한번 닦고 다시 달군다. 베이컨을 살짝 바싹하게 구워 그릇에 따로 담아둔 후 다시 키친타월로 팬을 닦는다.
4. 다시 달군 팬에 토르티야를 앞뒤로 노릇하게 굽고 명란 마요네즈를 토르티야 위에 코팅하듯 골고루 바른다.
5. 4에 2의 스크램블드에그와 베이비 채소, 베이컨을 올린 후 반으로 접는다.
   ↳ 채소는 씻은 후 키친타월로 물기를 최대한 제거해야 토르티야가 눅눅해지지 않는다.
   ↳ 뜨거운 물을 부어 기름을 한번 걸러낸 참치, 마요네즈, 삶은 달걀 슬라이스, 다진 할라페뇨 등을 넣고 만들어도 맛있다.
6. 먹기 좋은 크기로 잘라 접시에 담아낸다.
   ↳ 토르티야 위에 재료를 얹고 김밥처럼 말아 랩으로 꼼꼼하게 감싸 모양을 잡은 후 자르면 훌륭한 야외 도시락이 된다.

팬케이크

Pancake

집에서 만드는 팬케이크는 입맛대로 만들 수 있지만 제각각인 모양이 조금 아쉬우셨죠? 오늘은 브런치 카페에서 파는 맛있고 모양도 예쁜 팬케이크로 분위기 좀 내볼까요? 오리지널 팬케이크에 어울리는 맛있는 버터와 메이플 시럽을 넉넉히 준비해주세요.

INGREDIENT__2~3인분

팬케이크 믹스	250g
우유	200~250ml
달걀	1개
무염 버터	20g
과일	적당량
견과류	적당량
메이플 시럽(혹은 꿀)	3TS
올리브오일	

SPECIAL VER.

3번 과정에서 팬케이크 반죽 위에 크림 치즈와 모차렐라 치즈, 초콜릿 등을 적당량 올린 후 그 위에 다시 팬케이크 반죽을 얇게 부은 다음 뒤집어 구우면 색다른 느낌의 팬케이크를 즐길 수 있다. 단, 너무 두꺼워지지 않게 주의한다.

RECIPE

1. 커다란 볼에 팬케이크 믹스, 달걀, 우유를 넣고 휘핑기로 잘 섞는다. 반죽이 묽을수록 얇은 팬케이크를 구울 수 있다.
   ↳ 우유는 한꺼번에 다 붓지 말고 나누어 부으며 반죽의 농도를 조절한다.
   ↳ 휘핑기로 직접 섞어도 무방하나 전동 휘핑기를 쓰면 더 예쁜 팬케이크를 구울 수 있다.
2. 약한 불로 달군 팬에 올리브오일을 조금 두르고 키친타월로 닦아 코팅시킨다.
   ↳ 팬케이크 반죽이 붙지 않게 바닥이 코팅된 팬을 쓰는 게 좋다.
   ↳ 팬케이크는 처음부터 끝까지 약한 불에서 구워야 예쁘게 만들 수 있다.
3. 1의 반죽을 한 국자 떠 팬에서 15cm 정도 높이에서 팬에 붓는다. 이때 국자를 빙글빙글 두르며 붓는 것이 아니라 한 포인트 위에서 처음부터 끝까지 주르륵 붓는다.
4. 반죽 위에 전체적으로 작은 기포가 올라오면 뒤집개로 뒤집는다. 뒤집은 후에는 너무 오래 두어 타지 않도록 주의한다.
5. 구운 팬케이크를 접시에 담아 버터 조각을 올리고 메이플 시럽을 뿌린다. 취향에 따라 과일, 견과류 등을 토핑으로 올려 함께 먹어도 좋다.
   ↳ 버터는 상온에서 30분 정도 두어 살짝 말랑해진 상태가 좋다.

프렌치 토스트

French Toast

두툼한 빵에 푹 적셔진 달걀물의 촉촉함이 고소하고 맛있는 프렌치 토스트입니다. 잘 만들어진 프렌치 토스트에 슈가 파우더를 사르르 뿌려주는 순간, 쌓인 피로도 사르르~ 녹을 거예요.

INGREDIENT__1인분

달걀	2개
우유	200mL
4~5cm 두께로 자른 식빵	1장
무염 버터	20g
슈가 파우더	1TS
메이플 시럽	2TS
베이컨	2장
바나나	1/2개
블루베리	8알
라즈베리	8알
딸기	2개
유기농 설탕	1TS
마스카르포네 치즈 (혹은 리코타 치즈)	50g
후추	

RECIPE

1. 볼에 달걀을 풀어 달걀물을 만든다. 멍울이 없게 체에 한 번 거른 후 우유를 붓고 후추를 조금 넣어 잘 섞는다.
   ↳ 후추는 달걀의 비린내를 잡아주니 넣으면 좋다.
2. 식빵을 1에 양면으로 푹 담가 달걀물을 듬뿍 묻힌다.
3. 베이컨은 메이플 시럽에 바싹하게 튀기듯 구운 후 키친타월을 깐 채반에 올려 기름을 뺀 다음 먹기 좋은 크기로 자른다. 바나나는 껍질을 벗겨 반으로 자른 후 자른 단면에 설탕을 뿌려 토치로 굽는다. 블루베리와 라즈베리는 잘 씻어 키친타월로 물기를 꼼꼼하게 제거한다. 딸기는 꼭지를 떼고 반으로 자른다.
4. 다른 팬에 버터를 10g 넣고 약한 불에서 천천히 녹인다. 2의 식빵을 올려 역시 약한 불에서 식빵의 안쪽까지 잘 익도록 천천히 굽는다. 빵을 뒤집고 남은 버터를 넣어 역시 약한 불에서 천천히 녹이며 노릇노릇하게 굽는다.
5. 4의 토스트를 접시에 담고 3을 토핑한 후 마스카르포네 치즈를 올린다. 먹기 전에 메이플 시럽을 적당량 뿌리고 슈가 파우더를 체에 치며 뿌린다.
   ↳ 메이플 시럽과 슈가 파우더는 생략 가능하다.

호떡 크로플 & 초코 크로플

Korean Pancake Croffles & Chocolate Croffles

몇 년 전 태국에 카페를 오픈했을 때 판매했던 디저트 중 하나예요. 어떤 메뉴가 좋을까 고민하면서 직원들이랑 같이 만들었던 건데, 언젠가부터 '크로플'이라는 이름으로 엄청난 유행이 되고 있네요. 다양한 재료로 소를 만들어 넣으면 특별하고 맛있는, 하나뿐인 크로플이 완성될 거예요.

INGREDIENT__4인분

크로아상 생지(30g) 4개
유기농 황설탕 25g
시나몬 파우더 10g
슈가 파우더 1TS
견과류 믹스 15g
밀크 커버춰 초콜릿 50g
다크 커버춰 초콜릿 50g
초콜릿 블록 30g
메이플 시럽 60mL
올리브오일(혹은 기버터)

RECIPE

[호떡 크로플]

1. 해동하여 말랑말랑해진 크로아상 생지 2개를 둥글게 뭉친다.
2. 황설탕, 견과류, 시나몬 파우더를 섞어 소를 만든다.
3. 크로아상 생지 안에 2의 소를 1과 1/2TS 정도 넣고 동그랗게 반죽한다.
4. 올리브오일을 뿌린 와플팬에 넣고 약 2~3분간 구워 호떡 크로플을 완성한다. 초반에는 모양을 내기 위해 와플팬을 꾹꾹 누르며 굽는다.
5. 완성된 호떡 크로플을 접시에 담고 메이플 시럽과 견과류를 뿌린다. 시나몬 파우더를 조금 체 쳐 곱게 뿌린다.

[초코 크로플]

1. 해동하여 말랑말랑해진 크로아상 생지 2개를 둥글게 뭉친다.
2. 밀크 커버춰 초콜릿과 다크 커버춰 초콜릿을 섞어 소를 만든다.
3. 크로아상 생지 안에 2의 소를 1과 1/2TS 정도 넣고 동그렇게 반죽한다.
4. 올리브오일을 뿌린 와플팬에 넣고 약 2~3분간 구워 초콜릿 크로플을 만든다. 모양을 내기 위해 초반에는 와플팬을 꾹꾹 누르며 굽는다.
5. 완성된 초콜릿 크로플을 접시에 담고 초코 블록을 그레이터에 갈아 올린다. 슈가 파우더를 조금 체 쳐 곱게 뿌린다. 초코 블록은 취향에 따라 굵기를 조절한다.

더치 베이비

Dutch Baby

독일식 팬케이크로 일반 팬케이크와 달리 움푹 파인 모양이 특징이에요. 오븐 속에서 부풀었다가 가라앉은 모양이 만들 때마다 다 달라서, 이번에는 어떤 모양일지 만들 때마다 두근두근한답니다.

INGREDIENT

지름 10cm 무쇠팬 1개

달걀	2개
우유	120mL
소금	1꼬집
무염 버터	15g
중력분	60g
바닐라 에센스	2mL
딸기	3개
블루베리	10알
라즈베리	5알
바나나	1/2개
메이플 시럽	2TS
바닐라 아이스크림(혹은 생크림)	

RECIPE

1. 볼에 달걀과 우유를 담고 휘핑기로 잘 섞는다.
2. 다른 볼에 1과 중력분을 1/3만 담고 휘핑기로 골고루 섞는다.
3. 멍울이 없어지면 남은 1을 전부 넣고 소금과 바닐라 에센스도 넣은 후 잘 섞는다.
   → 푸드 프로세서를 사용한다면 1과 2의 모든 재료를 한 번에 다 넣고 섞어도 된다.
4. 딸기는 꼭지를 떼고 1/2 혹은 1/4 크기로 자른다. 블루베리와 라즈베리는 깨끗하게 씻어 키친타월로 물기를 꼼꼼하게 제거한다. 바나나는 껍질을 벗겨 얇게 슬라이스한다.
5. 오븐은 240도로 예열한다. 이때 오븐 안에 무쇠팬(혹은 오븐용 원형 케이크틀)을 함께 넣어 같이 데운다.
6. 5의 무쇠팬을 꺼내자마자 실온에 두어 말랑해진 버터를 넣고 무쇠팬이 식기 전에 빠르게 버터를 녹인다.
   → 타이밍을 맞추기 어렵다면 버터 스프레이를 사용하면 편하다.
7. 버터가 다 녹으면 바로 3의 반죽을 붓고 오븐에 넣어 230도에서 13분 정도 굽는다. 다 구워졌으면 오븐에서 꺼내 살짝 식힌다.
8. 가운데에 바닐라 아이스크림(혹은 취향에 따라 생크림)을 올리고 4에서 손질한 과일들을 토핑한 후 체를 사용해 슈가 파우더를 곱게 뿌린다.
9. 먹기 전에 메이플 시럽(혹은 취향에 따라 꿀)을 뿌린다.

갓 구운 빵 냄새보다 나를 더 행복하게 하는 게 또 있을까?
오병이어의 기적처럼 적은 빵을 먹어도 계속 배가 부를 수는 없을까?
빵순이 은혜에게 빵은 정말이지 끊을 수 없는 유혹인 것 같아.

Drink

CHAPTER 8

아포 슈페너

Affogato Einspänner

무료한 일상에 SNS를 보다가 엄청난 비주얼에 꽂혔던 아포 슈페너! 더티(Dirty)할수록 매력적이라는 더티 커피의 비주얼이 낯설 수 있지만, 오늘은 용기 내 한번 도전해보세요. 컵을 일탈한 커피와 크림처럼, 오늘만큼은 더티 커피를 통해 특별한 일탈을 눈으로 즐기자고요.

INGREDIENT__1인분

- 에스프레소(혹은 인스턴트 블랙커피) 1샷
- 우유 200mL
- 생크림 800g
- 유기농 설탕 8g
- 시나몬 파우더 1ts
- 커피가루 1TS
- 바닐라 아이스크림

RECIPE

1. 우유는 따뜻하게 데워 살짝만 거품이 생기게 휘핑기로 젓는다.
2. 볼에 생크림을 담고 설탕을 2번 정도 나누어 넣으며 전동 휘핑기로 휘핑을 만든다. 이때 거품이 너무 단단해지지 않도록 주의한다.
3. 오목하고 넓은 머그잔에 에스프레소를 붓는다. 1의 우유를 부을 때 머그잔 가운데 한 지점에 우유가 들어가게끔 붓는다.
4. 3에 2의 생크림을 올린 후 바닐라 아이스크림을 작게 떠 얹는다.
5. 커피가루를 체에 쳐서 생크림 위에 뿌린다.
6. 마시기 전에 취향에 따라 시나몬 파우더를 뿌린다.

커피 말차 슈페너

Coffee Matcha Einspänner

대리석 무늬처럼 뒤섞인 그린과 브라운의 오묘한 조화, 말차의 쌉싸름함과 에스프레소의 묵직함에 크림의 부드러움이 섞여 깊고 진한 맛이 입안에 가득 퍼질 때의 행복이란~!

INGREDIENT__1인분

에스프레소	1샷
말차	5g
우유	150mL
물	30mL
생크림	80g
유기농 설탕	8g
크림 치즈	20g
타임	조금
얼음	적당량

RECIPE

1. 말차는 뜨거운 물에 뭉침 없이 잘 풀어준다.
2. 볼에 생크림과 설탕을 넣고 휘핑기로 섞어주다 상온에 두어 부드러워진 크림 치즈를 넣어 약하게 휘핑한다.
3. 긴 유리잔에 1의 말차→얼음→우유→에스프레소→2의 생크림 순서로 넣는다. 맨 위에 타임을 올려 낸다.

청숭아

Green Grape-Peach Juice

카페를 시작할 때 메뉴 개발부터 함께하며 만들어 낸 음료랍니다. 상큼한 청포도에 달콤한 복숭아의 만남을 떠올렸을 때, 저는 이미 확신했어요. 카페의 베스트셀러 메뉴가 되리라는 것을요.

INGREDIENT__1인분

- 청포도 ········ 15알
- 복숭아 통조림(혹은 Dole 복숭아) ········ 50g
- 통조림에 담긴 주스 ········ 45mL
- 레몬주스(없으면 물로 대체 가능) ········ 200mL
- 얼음

RECIPE

1. 청포도는 깨끗하게 씻어 준비한다.
2. 분량의 모든 재료를 깊이 있는 볼에 담아 블렌더로 곱게 간다.
3. 컵에 담아 낸다.

베리나나

Berry-Banana Juice

블랙베리&라즈베리와 바나나가 만나 생겨난 이름이에요. 상큼하면서도 달달한 그 맛이 정말 일품이랍니다.

INGREDIENT __1인분

베리	100~120g
바나나	1개
레몬주스	200mL
얼음	6개
꿀	적당량

RECIPE

1. 깊이감 있는 볼에 블랙베리&라즈베리, 바나나, 레몬주스, 얼음을 넣어 블렌더로 곱게 간다.
   ↳ 토핑으로 올릴 베리는 조금 남겨둔다.
2. 꿀을 넣어 취향에 맞게 당도를 맞춘다.
3. 유리잔에 담고 베리를 토핑으로 올린다.

케일바나나

Kale-Banana Juice

저는 아침부터 바쁜 날이면 스무디 한 잔으로 시작할 때가 많아요. 바나나+호두, 우유+꿀이 지겨워졌다면 가끔은 케일+바나나로 살짝 눈을 돌려봐도 괜찮답니다. 운동 후 식사 대용으로도 Good!

INGREDIENT__1인분

케일 잎(길이 15cm 정도) 1장
바나나 1개
우유 300mL
꿀

RECIPE

1. 케일 잎은 줄기를 제거하고 깨끗하게 씻은 후 키친타월로 물기를 꼼꼼하게 제거한다.
2. 1의 케일 잎과 바나나, 우유를 넣고 블렌더로 곱게 간다.
   → 냉동 바나나를 사용하면 스무디 같은 식감을 낼 수 있다. 이때 얼음은 넣지 않는다.
3. 유리컵에 담아 먹기 전에 취향껏 꿀을 뿌린다.

과일 얼음 큐브

Fruit Ice Cubes

얼음틀에 잘게 자른 과일과 허브 등을 넣고 얼리면 CF에서 본 것 같은 예쁜 얼음들이 만들어져요. 유리컵에 담고 탄산수를 부으면 건강하고 예쁜 맛이 더해질 거예요.

INGREDIENT

__큰 사이즈 얼음틀 9구

오렌지	1/2개
레몬	1/2개
청포도	5알
과일청에 들어 있는 과육	3TS
그 외 취향에 따라 넣고 싶은 과일	적당량
애플민트 잎	9장
과일 향이 나는 홍차 티백	1개
뜨거운 물	600mL

RECIPE

1. 과일 향이 나는 차(Tea)나 홍차 티백을 뜨거운 물에 진하게 우린 후 티백은 건져내고 식힌다.
2. 과일은 모두 깨끗하게 씻고 오렌지와 레몬 등은 겉껍질과 속껍질을 모두 벗겨 손질한다.
   ↳ 과일 세척 방법은 p.41을 참조한다.
3. 손질한 과일을 실리콘 얼음틀에 들어갈 크기로 자른다.
   ↳ 얼음틀은 큰 사이즈로 준비하는 편이 좋다.
4. 실리콘 얼음틀에 3의 과일과 과일청의 과육을 넣고 애플민트 잎을 함께 넣어 냉동실에서 얼린다.
5. 컵에 과일 얼음 큐브를 적당량 담은 후 탄산수를 붓고 과일청을 섞어 에이드로 만들어 마시면 좋다.

아사이볼

Acai Berry Bowl

제가 너무 좋아하는 여행지, 하와이에서 먹어보고 반해버린 음식이에요. 다양한 종류가 있지만, 저는 하와이에서 먹었던 오리지널 레시피를 알려드릴게요. 토핑은 취향에 따라, 그날그날의 재료에 따라 다양하게 바꿔보세요. 햇볕 내리쬐는 거실에서도 하와이에서 온 듯한 기분을 느낄 수 있어요.

INGREDIENT__1인분

블루베리	1컵
바나나	1개
아사이베리 파우더	1TS
꿀	적당량
취향의 베리 종류 과일	적당량
취향의 견과류	약간
코코넛 칩	약간
아마씨드(혹은 치아씨드 등 씨드 종류나 그래놀라)	약간

RECIPE

1. 블렌더에 블루베리, 바나나, 아사이베리 파우더를 넣어 잘 갈아준다.
2. 취향의 토핑용 과일은 깨끗하게 씻어 키친타월로 물기를 꼼꼼하게 제거한다.
   ↳ 바나나와 같이 크기가 있는 과일을 토핑한다면 깨끗하게 씻어 껍질을 벗긴 후 얇게 슬라이스한다.
3. 오목한 볼에 1을 담고 2의 과일과 견과류, 코코넛 칩, 아마씨드 등을 취향껏 토핑한다.
4. 먹기 직전에 취향에 따라 꿀을 적당량 두른다.

디톡스 주스

Detox juice

피로와 스트레스로 가득한 하루였나요? 몸도 마음도 지친 날 새롭게 리프레시 해주는 디톡스 음료, 한잔할까요? 몸의 독소 제거는 물론 마음도 가볍게 해주는 것 같은 기분 좋은 한잔이 될 거예요.

INGREDIENT__3~4잔

칼라만시 원액	100mL
오렌지	1개
레몬	1개
탄산수	1L
얼음	적당히

RECIPE

1. 오렌지와 레몬은 껍질째 사용하므로 깨끗하게 씻는다.

   ↳ 과일 세척 방법은 p.41을 참조한다.

2. 1의 과일을 반으로 잘라 씨를 제거한 후 스퀴즈하여 즙을 짜내고 과육과 껍질은 따로 모아 둔다.

   ↳ 과일을 자르기 전에 전자레인지에 10~15초 정도 돌린 후 꺼내 바닥에 놓고 손으로 밀 듯 지그시 눌러준 다음 반으로 잘라 스퀴즈하면 즙이 더 잘 짜진다.

3. 열탕 처리 후 물기를 제거한 유리병에 칼라만시 원액→얼음→탄산수→과일즙→과육과 껍질 순으로 넣는다.

   ↳ 이때 과일 껍질은 오렌지는 1/2개, 레몬은 1개 분량을 넣는 것을 추천한다.

홈메이드 콤부차

Homemade Kombucha

탄산음료 대신 건강하고 맛있는 다이어트 음료 콤부차를 만들어볼까요? 홍차 버섯 유익균 스코비 한 덩이에 담긴 유산균과 항산화 물질이 면역력을 높여주고 다이어트는 물론 피부미용, 위와 장 건강에도 훌륭한 역할을 한답니다.

INGREDIENT

물 ······ 1L
스코비 ······ 1덩어리
콤부차 원액 ······ 180~200mL
홍차 티백(혹은 녹차 티백) ······ 5개
비정제 사탕수수 원당 ······ 100g
취향의 과일과 향신료 ······ 적당량

RECIPE

1. 홍차 티백은 실 끝 종이를 제거한 뒤 하나로 묶어 준비한다.
   ↳ 녹차 티백을 써도 되지만 홍차 티백을 더 추천한다.
2. 열탕 처리하여 물기 없이 말린 입구가 넓은 유리병에 끓는 물 1L를 붓고 1의 홍차 티백을 넣어 5~7분간 진하게 우린 후 건진다.
   ↳ 이때 사용하는 도구의 소재는 균이 죽지 않도록 꼭 나무여야 한다.
3. 2에 비정제 사탕수수 원당을 넣고 나무 주걱으로 잘 저어 녹인다.
4. 3의 온도가 22~26도 정도가 되도록 식힌다. 온도가 이 이상 높으면 발효되어야 할 박테리아가 죽으니 잘 식혀줘야 한다.
5. 4의 유리병 안에 스코비와 콤부차 원액을 넣는다. 거즈로 병 입구를 덮어 고무줄로 잘 묶어준 후 직사광선이 닿지 않고 바람이 잘 통하며 온도가 24도 정도 되는 곳에 7~10일 정도 둔다.
   ↳ 콤부차 원액은 스코비를 사면 함께 보내준다.
   ↳ 여름에는 4~5일, 겨울에는 2~3주 정도 둔다. 이때 병을 이리저리 옮기지 않도록 주의한다.
6. 완성된 콤부차는 취향의 과일이나 향신료(생강 추천)를 넣은 스윙보틀에 부어 2~3일간 2차 발효한다. 이땐 하루에 한 번씩 병의 뚜껑을 열어 가스를 빼준다.
7. 물에 희석해 마시거나 원액에 얼음을 넣어 시원하게 마시면 좋다.

Zarephath 여인처럼 진정한 나눔은

내가 가진 것이 넉넉할 때가 아니라

부족할 때에도 가진 것의 일부를 나누는 것이

더 행복한 일이 아닐까?

소중한 사람들을 위해 오늘은 소박하지만

내 식탁에 있는 것들을 함께 나누어 보고 싶다.

a Flavorful Sauce

CHAPTER 9

VERIE St CHRISTOPHE
FABRICATION ARTISANALE
Confit d'Oignons
Ingrédients: Oignons 66%, Sucre, Vin
rouge (SULFITES).Consommer froid ou
tiède avec la viande.
FAB 1389
Poids net:
200g
A consommer de préférence avant:
Voir sur le pot.

다이어터를 위한 홈메이드 두부크림 치즈

Homemade Tofu Cream Cheese for Dieter

작품이나 화보 등을 앞두고 있다면 관리가 필수예요. 하지만 맛있는 음식을 매번 포기할 수는 없죠? 그럴 때 내 몸을 살짝 속이는 방법이랄까요? 칼로리는 확 낮추고 맛은 높이고! 샐러드나 살짝 구운 빵에도 참 잘 어울려요.

INGREDIENT

플레인 요거트 500g
두부 150g
소금

RECIPE

1. 핸드 드리퍼에 커피 필터를 끼우고 아래에 컵을 받친 후 커피 필터 안에 플레인 요거트를 가득 부어준다.
   ↳ 거르는 과정에서 양이 확 줄어드니 핸드 드리퍼의 크기는 클수록 좋다.
2. 반나절 이상 두어 유청을 분리한다.
   ↳ 상온에서는 혹 상할 수 있으니 냉장고에 넣어둔다.
3. 두부를 면포에 넣어 꽉 짜 물기를 빼고 잘게 으깬다.
4. 2에서 분리된 크림에 3의 두부를 넣고 잘 섞은 후 소금으로 간을 맞추고 밀폐 용기에 담는다.
   ↳ 방부제가 들어가지 않았으니 냉장 보관으로 10일 안에 먹는다.
5. 스테이크 가니쉬, 샐러드, 샌드위치 등 각종 요리에 크림 치즈 대용으로 부담 없이 사용한다. 기호에 따라 잼이나 과일을 섞어 빵에 발라 먹어도 좋다.

홈메이드 리코타 치즈

Homemade Ricotta Cheese

샐러드, 오픈 샌드위치, 라자냐 등 리코타 치즈의 활용도는 다양하답니다. 맛있는 리코타 치즈를 생각보다 쉽고 빠르게 집에서도 만들 수 있어요. 몽글몽글 맛도 모양도 좋은 리코타 치즈, 함께 만들어볼까요?

INGREDIENT

- 우유 2L
- 동물성 생크림(유지방 38% 이상) 125mL
- 식물성 생크림(밀락 골드 휘핑크림 추천) 500mL
- 사과 식초(2배 식초 안 됨) 40mL
- 레몬즙 25mL
- 꽃소금(생략 가능) 10g

RECIPE

1. 바닥이 두껍고 깊이감 있는 커다란 냄비에 우유, 생크림 2종류를 모두 넣는다. 표면에 유막이 형성되고 거품이 생길 때까지 중간 불과 약한 불 사이에서 서서히 뭉근하게 끓인다. 이때 우유를 젓지 않는다.
   ↳ 우유의 온도는 대략 60도 정도 된다.
   ↳ 끓이다 넘칠 듯하면 냄비 가운데에 나무 젓가락을 꽂으면 가라앉는다.
2. 1의 냄비에 사과 식초, 레몬즙, 꽃소금을 넣고 나무 주걱으로 가볍게 젓는다.
   ↳ 사과 식초와 레몬즙 둘 중 하나만 넣어도 된다.
3. 약한 불로 줄여 15~30분 정도 더 끓이다 치즈와 유청이 잘 분리되고 있으면 불을 끈다. 치즈와 유청이 좀 더 분리되도록 15분 정도 그대로 둔다.
4. 거름망 위에 면포를 올리고 3을 부어 치즈에서 유청을 분리한다. 치즈 표면이 마르지 않도록 비닐로 덮어 2시간 정도 식힌다.
5. 비닐을 제거하고 치즈를 젖은 면포로 감싸 뒤집는다. 다시 비닐을 덮고 냉장고에 넣어 12시간 정도 숙성시킨다.
6. 밀폐 용기에 넣어 냉장 보관한다. 방부제가 들어가지 않으니 7~10일 내로 먹는다.
   ↳ 밀폐 용기에 넣기 전에 면포에 감싼 채로 도마 위에 올려 반죽하듯 손으로 지그시 눌러주면 더욱더 부드럽고 쫀득한 식감의 리코타 치즈를 만들 수 있다.

만능 호두 구이

All-Round Roasted Walnuts

샘킴 셰프님의 레시피를 보고 만들어보았는데, 그때부터 지금까지 제 요리에는 빠지지 않는 만능 호두가 되었네요. 뇌와 심장에 좋은 호두는 전처리 과정(하단 참조)을 해준 후 만들어 드시면 더 깔끔하고 더욱더 고급스러운 맛을 낸답니다.

INGREDIENT

호두	500g
비정제 사탕수수 원당(혹은 유기농 흑설탕)	3TS
뜨거운 물	90mL
카옌 페퍼	2~3꼬집

호두 전처리 방법

1. 끓는 물에 호두를 30초 정도 삶아 불순물을 제거한다.
2. 건져내 찬물에서 헹군 후 키친타월로 최대한 물기를 제거한다.
3. 달군 팬에 넣어 약 10분 정도 볶아 수분을 완전히 날린다.
4. 한 번 쓸 양만큼 소분하여 냉동 보관한다.

RECIPE

1. 호두는 손으로 잘게 쪼개듯 부순 후 체로 부스러기를 거른다.
   ↳ 도구를 사용해 부수면 부스러기가 많이 생기는데, 이 부스러기가 볶을 때 빨리 타서 풍미를 망친다.
2. 비정제 사탕수수 원당과 뜨거운 물을 섞어 설탕물을 만든다.
3. 달군 팬에 1의 호두를 넣고 약한 불에서 계속 저어가며 굽는다.
   ↳ 호두에서 기름이 나오니 오일은 따로 넣지 않는다.
4. 호두의 모든 면이 갈색빛이 돌도록 노릇노릇하게 구워지면 불을 끈 후 2의 설탕물을 부어 수저로 저어가며 골고루 코팅하듯 볶는다.
5. 카옌 페퍼를 골고루 뿌린다.
   ↳ 카옌 페퍼는 향이 강하지 않으니 재료의 풍미만 살리는 정도로 사용한다.
6. 샐러드, 리소토, 파스타, 샌드위치 등 다양한 요리에 넣으면 고소한 맛과 풍미를 더할 수 있다.

사우어 버터

Sour butter

방송 출연을 통해 팬이 된 송훈 셰프님에게 배운 특별한 비법이에요. 요리학교에서 기본으로 배운다는 이 사우어 버터는 미리 만들어 놓았다가 리소토를 만들 때 한 스푼 넣어주면 아주 깊고 풍미 있는 요리로 변신시켜 준답니다.

INGREDIENT

무염 버터	300g
화이트 와인	600mL
레몬주스	30mL
샬롯	2개(혹은 양파 1/2개)
월계수 잎	1장
통후추	6알

RECIPE

1. 버터는 손가락으로 눌러 물렁물렁하게 들어갈 때까지 상온에서 1시간 이상 둔다.
2. 버터와 레몬주스를 제외한 나머지 재료를 팬에 넣고 강한 불에서 끓여 졸인다.
3. 불을 끈 후 레몬주스를 넣어 산미를 살려준다.
4. 거름망에 3의 소스를 붓고 샬롯을 꾹꾹 눌러 내려주며 거른다.
5. 4의 볼에 1의 버터를 넣어 잘 섞이도록 실리콘 주걱으로 으깨며 젓고 냉장고에 넣어 식힌다.
6. 냉장고에서 5를 꺼내 버터와 소스가 분리되지 않고 크리미하게 섞일 때까지 휘핑기로 여러 번 저어 부드럽게 풀어준 후 밀폐 용기에 담아 굳힌다.
   ↳ 전동 휘핑기를 쓰면 주방이 초토화될 확률이 높으니 잘 생각한 후 사용한다.
7. 냉장 보관으로 최대 1개월이니 소량씩 만드는 편이 좋다. 더 오래 보관하고 싶다면 실리콘 큐브에 소분하여 냉동 보관한다.

라구 소스

Ragù Sauce

파스타, 라자냐, 미트볼 등 각종 이탈리안 요리에 자주 쓰이는 소스입니다. 아주 오랜 시간 공들여 푹 끓이는 버전이 클래식한 방법이지만, 좀 더 쉽고 간단한 버전을 준비해봤으니 도전해보세요.

INGREDIENT

무염 버터	20g
올리브오일	20mL
양파	2개
당근	2개
셀러리	2줄기
소고기 다짐육	300g
돼지고기 다짐육	300g
월계수 잎	2장
치킨스톡(파우더)	5g
물	500mL
토마토 페이스트	25g
토마토 퓌레	200mL
레드 와인(단 맛으로 추천)	100mL
소금	
후추	

RECIPE

1. 양파와 당근은 깨끗하게 씻어 껍질을 벗긴 후 잘게 다진다. 셀러리는 껍질을 벗겨 먹기 좋은 크기로 자른다.
2. 달군 팬에 버터와 올리브오일을 넣고 1의 양파, 당근, 셀러리를 넣어 수분을 날리며 볶는다.
3. 2의 팬에 다짐육과 소금을 넣고 볶다 후추를 넉넉히 뿌린다.
4. 다짐육이 어느 정도 익으면 레드 와인을 넣고 강한 불에서 1분 정도 볶듯이 끓여 알코올을 날린다.
5. 월계수 잎, 치킨스톡, 물, 토마토 페이스트, 토마토 퓌레를 넣고 뚜껑을 덮어 끓인다. 중간중간 뚜껑을 열어 소스가 눌러붙지 않게 저어준다.
6. 수분이 졸아들어 다짐육의 윗면이 보일 정도가 되면 소금을 넣어 간을 더한 후 밀폐 용기에 담아 냉장 보관한다.

   ↳ 지퍼백에 얇게 펴 담거나 실리콘 얼음틀에 소분해 냉동 보관하면 좀 더 오래 쓸 수 있다.

버섯 퓌레

Mushroom Purée

버섯을 좋아하신다면 이 소스에 주목해주세요. 원하는 버섯을 한곳에 모았다가 한번 만들어 두시면 더욱더 버섯의 깊은 풍미를 깊게 느끼실 수 있어요.

INGREDIENT

양파	1개
양송이버섯	15개
새송이버섯	1.5개
느타리버섯	50~70g
무염 버터	60g
생크림	220mL
올리브오일	
소금	
후추	

RECIPE

1. 양파는 껍질을 벗겨 얇게 채 썬다. 양송이버섯은 기둥 제거 후 갓만 편 썬다. 새송이버섯은 세로로 길게 편 썬다. 느타리버섯은 기둥을 자르고 각각 찢어 분리한다.
   ↳ 버섯은 취향에 따라 준비한다.
2. 달군 팬에 올리브오일을 넉넉히 두르고 양파를 먼저 넣어 볶는다. 양파가 노릇노릇해지면 손질한 버섯을 넣고 버섯이 흐물흐물해질 때까지 다 같이 볶는다.
   ↳ 이때 올리브오일을 추가한다면 양파와 버섯이 코팅될 정도의 양만 사용한다.
3. 소금, 후추로 간을 맞추고 버터를 넣어 볶는다. 버터가 녹으면 생크림을 붓고 약한 불로 2~3분 정도 끓인다.
4. 생크림이 되직하게 졸여지면 한 김 식힌 후 믹서기에 넣어 잘 갈아준다.
5. 밀폐 용기에 담아 냉장 보관한다.
   ↳ 방부제가 들어가지 않았으니 냉장 보관한다면 1개월 안에 모두 사용한다.
   ↳ 실리콘 얼음틀 등에 소분하여 냉동 보관한다면 3개월 안에 모두 사용한다.

베샤멜 소스

Béchamel Sauce

서양 요리의 기본이 되는 화이트 소스예요. 밀가루와 버터를 섞어 만든 루에 우유와 생크림을 부어 만드는 베샤멜 소스는 미리 만들어 두면 다양한 요리에 깊고 부드러운 맛을 더할 수 있답니다.

INGREDIENT

무염 버터 40g
박력분 40g
우유 500mL
넛맥 1/2ts
소금
후추

RECIPE

1. 약한 불에 소스팬을 올리고 버터를 넣는다. 버터가 녹으면 박력분을 넣어 잘 섞는다.
   ↳ 양식에서 많이 사용하는 '루(roux)'를 만드는 과정이다.
2. 노란빛이 돌면 우유를 2~3번 나누어 부으며 잘 섞는다. 덩어리지거나 타지 않도록 열심히 젓는다.
3. 부드러운 크림 형태로 변하면 소스팬을 불에서 내린 후 소금, 후추로 간을 맞추고 넛맥을 넣는다.
   ↳ 크림 형태로 변한 후에는 순식간에 탈 수 있으니 꼭 소스팬 자체를 불에서 내린다.
4. 소스를 식힌 후 실리콘 얼음틀 등에 소분해 냉동 보관한다.
   ↳ 방부제가 없으니 냉동 보관이라도 3개월 안에 모두 사용한다.
   ↳ 파스타, 베이킹, 도리아 등에 사용하면 요리의 풍미를 올릴 수 있다.

유자폰즈 소스

Citron Ponzu Sauce

향긋하면서도 짭조름한 소스가 입맛을 더욱더 돋워주는 유자폰즈 소스! 재료를 손질할 때부터 신선하고 향긋한 유자 향이 기분을 즐겁게 합니다. 각종 튀김이나 샤부샤부, 전골 요리 등의 소스로 사용하면 일품이에요.

INGREDIENT

유자청	100g
다시물	1L
비정제 사탕수수 원당	100g
환만식초	적당량
양조간장	적당량

RECIPE

1. 뜨거운 물로 다시물을 우린다.
2. 커다란 볼에 1의 다시물, 양조간장, 식초, 유자청을 넣는다.
3. 비정제 사탕수수 원당을 넣고 잘 녹도록 저어준 후 식으면 냉장고에 넣어 하루 이상 숙성시킨다.
4. 냉장고에서 꺼내 체에 거른다. 이때 유자청 건더기를 꾹꾹 눌러 유자의 맛과 향이 잘 우러날 수 있도록 한다.
5. 밀폐 용기에 담아 냉장 보관한다.
   - ↳ 방부제가 들어가지 않았으니 냉장 보관을 하더라도 2개월 안에 다 쓰도록 한다.
   - ↳ 가만히 두면 침전물층이 생기니 사용할 때마다 잘 섞어 쓴다.

Give us today our daily bread

날마다 우리에게 양식을 주시니 감사합니다.
먹고 마시는 음식을 통해 몸과 마음이 건강하게 하시고
더 많은 이들에게 나누어 줄 수 있는 풍요로움과 행복이 넘치게 하옵소서.
모든 것을 허락하신 주님께 감사드리며 예수님의 이름으로 기도드립니다.
A-men.

Outliers
MALCOLM GLADWELL

INDEX

ㄱ

가염 버터 191

가지 69, 89, 147, 185,

감자 49, 51, 87, 99, 127, 137, 143, 145, 181,

강황 133

건식 빵가루 105, 123, 127, 129, 131, 183, 189

견과류 179, 197, 201, 221

고구마 83, 137

고르곤졸라 치즈 193,

고수 133

고추기름 133

고추장 65, 93

고춧가루 93

곶감 87

구운 호두 37, 41, 73, 85, 147, 177, 179, 193,

굴 소스 61, 63, 85

귀리 71

그라나 파다노 치즈 45, 57, 59, 63, 77, 83, 85, 87, 111

그래놀라 221,

그뤼에르 치즈 47

그린빈 73, 99, 147

기버터 201

김 125

깨 39, 125, 145

깻잎 137

꼬마 관자 75

꽃소금 233

꿀 39, 43, 131, 175, 177, 193, 197, 203, 215, 217, 221

ㄴ

납작 당면 93

넛맥 243

노랑 피망 51

녹차 티백 125, 225

농어 107

느타리버섯 185, 241

ㄷ

다시물 123, 125, 245

다진 마늘 57, 59, 91, 93, 111, 133

다크 커버춰 초콜릿 201

다크 초콜릿 163

단호박 137

달갈 83, 105, 123, 127, 129, 131, 133, 153, 157, 163, 173, 181, 183, 189, 195, 197, 199, 203

달걀노른자 59, 67, 87, 167

달고기 99

닭 다리 살 131,

닭가슴살 91, 147, 185

당근 51, 57, 61, 239

대파 107, 115, 133

돈마호크 109

돼지고기 다짐육 239

돼지고기 등심 127, 129

돼지고기 안심 123

돼지고기 항정살 91

된장 91

두부크림 치즈 67, 69, 77, 231

들기름 125

디종 머스터드 소스 41, 185

딜 99, 101, 105,

딸기 199, 203

딸기잼 173, 179

ㄹ

라구 소스 77, 81, 239

라자냐 면 77

라즈베리 199, 203, 215, 221

라즈베리 잼 183

래디시 71

레드 와인 47, 109, 239

레몬 41, 65, 99, 101, 105, 111, 133, 153, 219, 223

레몬 제스트 83, 105, 111, 153

레몬주스 213, 215, 237

레몬즙 39, 45, 83, 105, 111, 131, 133, 153, 161, 233

렌틸콩 71, 73

로메인 45, 189

로즈메리 69, 79, 99, 101, 103, 105, 109, 111, 115,

루꼴라 37, 43, 71, 193

리가토니 81

리코타 치즈 43, 81, 83, 173, 175, 199, 233

링귀네 59, 67

ㅁ

마늘 37, 47, 51, 57, 59, 67, 69, 71, 73, 79, 83, 91, 93, 103, 107, 115, 133

마늘 가루 57, 61, 63, 65, 73, 79, 89, 99, 111,

마스카르포네 치즈 167, 199

마요네즈 45, 105, 131, 185, 187, 189, 191, 193, 195

마일드 체다 치즈 65

마팔디네 59, 91

만가닥버섯 59, 185,

만두피 83

말차 211

맛술 65, 123, 133

매시트포테이토 49, 75, 109, 143

맥주 109

머스터드 소스 117, 181

먹물 75

메이플 시럽 45, 177, 179, 181, 197, 199, 201, 203

면수 57, 59, 63, 65, 67, 85, 91, 93

멸치다시마 육수 57, 93

명란 마요네즈 소스 195

모차렐라 치즈 39, 47, 69, 81, 89, 129, 179, 181, 183, 189, 193, 197

문어 다리 숙회 61

미니 당근 71, 99, 111, 117

미니 양배추 71, 117, 147

미림 71

미트볼 89, 239

밀가루 51, 63

밀크 커버춰 초콜릿 201

ㅂ

바게트 37, 47, 51, 79, 93, 191

바나나 199, 203, 215, 217, 221,

바닐라 아이스크림 161, 163, 203, 209,

바닐라 에센스 203

바질 37, 69, 77, 79, 81, 89, 93, 111

바질 페스토 73, 85, 115

박력분 87, 105, 123, 127, 129, 131, 137, 153, 157, 161, 243

반숙 달걀 45, 105

발사믹 소스 37, 41, 43, 185

방울토마토 37, 43, 65, 99, 101, 103, 115, 127

버거 번 189

버섯 퓌레 59, 241

베샤멜 소스 49, 67, 77, 243

베이비 채소 37, 41, 71, 105, 109, 111, 129, 147, 177, 181, 187, 193, 195

베이컨 45, 49, 57, 59, 67, 83, 111, 181, 195, 199

베이킹파우더 153, 157, 161

베트남 건고추 133

복숭아 213

부라타 치즈 37

부추 39, 63

브로콜리 49

브리 치즈 177

블랙 올리브 79

블루 치즈 71, 81

블루베리 157, 199, 203, 215, 221

블루베리 잼 183, 193

비정제 사탕수수 원당 123, 125, 133, 225, 235, 245

빨강 피망 51

ㅅ

사과 41, 161, 177

사과 식초 39, 233

사우어 버터 57, 237

사워 크림 51

사워 도우 37, 181

새송이버섯 189, 241

새우 57, 63, 65, 79, 93, 137, 187
생크림 59, 65, 67, 71, 73, 87, 91, 111, 143, 157, 161, 167, 203, 209, 211, 233, 241
석류 43
셀러리 51, 239
소고기 다짐육 239
소고기 등심 115
소고기 립 아이 189
소고기 부챗살 103
소고기 채끝 51
소프트 쉘 크랩 133
슈가 파우더 153, 199, 201, 203
슈레드 모차렐라 치즈 77, 89, 115, 195
슈레드 치즈 185, 193
스라라차 소스 131, 187
스위스 치즈 189
스코비 225
스파게티 면 57, 63, 65
슬라이스 햄 183
습식 빵가루 105, 123, 127, 129, 131, 183, 189
시금치 83, 107, 115
시금치 페스토 73, 107
시나몬 파우더 161, 201, 209
식물성 오일 157
식빵 45, 165, 173, 179, 183, 199
썬 드라이드 토마토 43

ㅇ

아몬드 161
아마씨드 221
아보카도 67, 187
아사이베리 파우더
아스파라거스 71, 101, 103, 111, 147
애플민트 잎 219
애호박 61
양송이버섯 51, 59, 79, 83, 185, 189, 241
양조간장 245
양파 47, 51, 59, 65, 83, 91, 93, 105, 115, 123, 133, 189, 237, 239, 241
얼음 137, 211, 213, 215, 217, 219, 223, 225
에멘탈 치즈 75, 179
에스프레소 165, 167, 209, 211
엔다이브 43
연근 137
연어 71, 101, 105
영계 111
오레가노 69
오렌지 41, 43, 219, 223
오징어 63, 93
온명란 125
완숙 토마토 51, 65, 189
우유 49, 71, 73, 91, 153, 181, 195, 197, 199, 203, 209, 211, 217, 233, 243
월계수 잎 51, 237, 239
유기농 설탕 39, 157, 167, 199, 209, 211
유자청 37, 75, 245
유자폰즈 소스 39, 137, 245
율무 73
인스턴트 커피 167, 209

ㅈ

자몽 41
잠봉 191
잣 85
적양파 39, 99, 101
전분 133
조미간장 93, 123, 125
조청 165
주꾸미 63
주키니 61
중력분 163, 203
쪽파 123, 125

ㅊ

차돌박이 85
채수 75, 117
청양고추 91, 93, 133
청주 63, 71, 93, 107
청포도 213, 219
체더 치즈 115, 179, 181

초콜릿 블록 201

초콜릿 칩 163

치아바타 175, 185

치아씨드 221

치킨스톡 47, 51, 57, 59, 61, 63, 67, 71, 75, 83, 91, 117, 133, 239

ㅋ

카망베르 치즈 179

카옌 페퍼 59, 65, 79, 87, 89, 123, 147, 185, 187, 235

카카오닙스 163

카펠리니 63

칼라만시 원액 223

캄파뉴 177

케일 잎 217

케첩 181

코코넛 밀크 133

코코넛 칩 221

코코아 파우더 167

콤부차 원액 225

크러쉬드 레드 페퍼 45, 63, 67, 79, 101, 105, 175, 187,

크로아상 생지 201

크림 치즈 81, 183, 197, 211, 231

ㅌ

타르타르 소스 105, 189

탄산수 219, 223

토르티야 193, 195

토마토 소스 69, 81, 89

토마토 페이스트 51, 65, 89, 93, 239

토마토 퓌레 239

통돼지 목살/삼겹살/오겹살 117

통마늘 79, 103, 115, 131

통후추 237

튀김가루 137

트러플 바질 페스토 81

트러플 제스트 131, 145

ㅍ

파르미지아노 레지아노 치즈 45, 59, 67, 73, 77, 181,

파슬리 47, 49, 57, 65, 73, 77, 79, 83, 105, 123, 127, 129, 131, 145

파프리카 65,

팬케이크 믹스 197

페코리노 로마노 치즈 65

페타 치즈 71, 73, 107,

페페론치노 57, 59, 61, 63, 67, 69, 79

펜네 93,

포두부 면 61

표고버섯 59, 91, 111, 185

푸실리 85

플레인 요거트 45, 157, 231

피쉬 소스 133

피스타치오 43

피티드 그린 올리브 43

핑거 쿠키 167

ㅎ

할라페뇨 189, 195,

허브 솔트145

현미오일 105, 123, 127, 129, 131, 133, 137, 183, 189

호밀빵 177, 187,

홀 토마토 51

홀그레인 머스터드 소스 83, 185

홍고추 133

홍차 티백 219, 225

홍합 93

화이트 발사믹 식초 39, 107

화이트 소시지 181

화이트 와인 63, 71, 75, 93, 99, 101, 107, 237

환만식초 245

황도 통조림 213

흑미 75

소중한 사람들과 함께하는 윤은혜 *with*

do eat again

초판 1쇄 발행 2021년 2월 8일
초판 3쇄 발행 2021년 3월 3일

지은이 윤은혜
펴낸이 장선희

펴낸곳 서사원
출판등록 제2018-000296호
주소 서울시 마포구 월드컵북로400 문화콘텐츠센터 5층 22호
전화 02-898-8778
팩스 02-6008-1673
전자우편 seosawon@naver.com

블로그 blog.naver.com/seosawon
페이스북 www.facebook.com/seosawon
인스타그램 www.instagram.com/seosawon

총괄 이영철
책임편집 이소정
마케팅 권태환, 강주영, 이정태
디자인 최아영

표지·본문 디자인 onmypaper
사진 나드 스튜디오(이병주, 어시스턴트 이호정)
푸드스타일링 스튜디오 페퍼 & 윤은혜
(홍서우, 엄지예, 정유진, 이지현, 신대현)
조리 도구 및 재료 협찬 아내의 식탁

ISBN 979-11-90179-60-7 13590